M. B...

Manfred Beer

Mimulus

Tanzschritte über allgegenwärtige Fallgruben

Mit Illustrationen des Autors

Herausgegeben von Ursula Simon

deutscher lyrik verlag (dlv)

Mimulus

Ostwind über Fotheringhay

Ostwind über Fotheringhay
Schwarze Schafe an der Klagemauer –
siehe, das ist das Lamm Gottes,
welches der Welt Sünde trägt.
Opfertod ins Vergebliche
Schwundstufe einer eisigen Nacht,
Morgendämmerung mit Märchen-Panorama.
Über den Matten kalte Laken,
schöner Schein schimmert Frieden,
Schlächter und Fromme erheben sich aus der Finsternis,
verdrossene Physiognomien spiegeln verschlagene Tugenden.

Die Henker wohlgemut,
es bedarf des Fleisches, wenn Beile und Messer gewetzt,
über das karge Brot senkt sich lamentierend Danksagung.
Lächerliches Tun ins armselige Glück,
Exkremente erfrieren in der Gosse,
rätselvolles Farbenspiel in engen Gassen –
die frühe Stunde malt ein Schloß ins Wintergepränge,
trotzig trübe Herberge,
Prunkgemächer,
kalte Verliese,
schweigend menschliches Bewegen in Fluren und Hallen –
draußen keine Minne,
keine Klagen.

Es ist angerichtet.
Klerikale sind geladen, calvinistische Gemüter,
ein ganzes Episkopat mit weichen Baretten bedeckt,
zu richten und zu schauen
das Opfer im schwarzen Kleid in königlicher Zelle,
Dornröschenmünder plappern Evangelien,
des Himmels Trost, ins Sterbestündchen.

Geheimnisvolle Kraft des Allmächtigen verklärt die Züge
des gerichteten Hauptes, das ein weißer Witwenschleier ziert,
ein Symbol der Unschuld umschließt das fragwürdige Gefüge
von Schuld und Sünde,
gefaßten Glaubens zur Hinrichtung geschmückt,
nahm sich die Vorsehung das Weibliche zur Quelle
besonderer Gemütsruhe,
es hebt die Lust der Schauenden,
senkt sich die Klinge ins Genick verblühter Schönheit –
bühnenhaft kostümiert,
ein blutrotes Unterkleid versetzt das verwesliche Fleisch
in lodernde Feuersglut,
der Rosenkranz ein Geschmeide, Sühnezeichen, Schmuck.

Das Schafott ist aufgerichtet
schwarzverkleidet –
Kohärenz zum Opferlamm –
feierliche Tränen –
ein letztes Zeichen Irdischseins.

Der erste Hieb daneben,
ein Röcheln,
beim dritten löst sich
der Kopf
vom Rumpf.

KEIN SCHAFOTT IN SCHAFFHAUSEN,

reingewaschen die Opferstätten,
die Beile vergoldet
auf blutrotem Samt,
die Opfer ruhend unter festen Fundamenten,
betreten von den blutleeren Ahnen der Henker,
das Haupt geneigt
vor der Hand mit der Hostie,
und die Seelen verschlingen
die freizügige Gabe
und fürchten nicht, daran zu ersticken.

Letzte Scheu erlöst sich in einem gefälligen Hosianna,
Lohn ist der Segen, das Gewissen mit erneuter Gnadenfrist,
der Rhein spielt sein andauerndes Lied im Orgelton,
in mächtiger Fuge stürzen die Wasser
über die harten Malmkalke,
übertönt das Vesperglöckchen an Allerheiligen,
aus der Ruhe fliehen mönchische Gemüter
in Gebetsreim,
kaltes Gebein der Brüder bildet karges Memento mori,
kaltes Wasser des Flusses überspielt das Seelengärtlein,
kalkweiß das Gesicht des Sakristan
geweihtes Wasser
Eis.

Von den Todesburgen sind die Fahnen eingezogen,
eingeebnet die Geschehen in Geschichte,
umgestaltet der herrschende Wahn der Kurie,
die Folter übernimmt der Staat,
zu den Geboten finden sich Gesetze,
Gnadenkunst in der Gunst dementer Gerichtsbarkeit

Sühne wie verheißen,
klein und dunkel das Menschenwesen
Ausgeburt in Abgründen
Ich und Psyche unwürdige Untiefen,

Angst über die Seelen,
Furcht fügt den Menschen
zur besseren Handhabung
für Kirche und Staat,
das Saatgut der Sündenepistel
gedeiht vortrefflich in verschreckten Gemütern.

Dämonisch wirksam
die redigierten Bergpredigten der Kleriker,
Nahrung für verwundete Hirne,
heilverheißende Machtentfaltung
hypästhetischer Politbastarde,
klinisch tot das Selbst,
Knecht in Hörigkeit
das glückenthauptete Menschenwesen,

Flüsse fliehen von den Quellorten
frostig Offenbarung,
neue Fahnen exhibieren Macht,
die neuen Scheiterhaufen ungeheizt,
verwitterte Thesen kantiger Exegeten
brennen in Verachtung,
Erkenntnis erhellender Wortsinn in Verbannung
kein lärmendes Veto,
gebannt lauschen keusche Hellenen
den priesterlichen Drahtpuppen der Diözese,

Kniefall auf die mittelalterlichen Fundamente
Predigttext als Schafott für den Lebenssinn.

Auf firmiertem Fleisch keimt üppig Schuldzuweisung,
als wäre kein Licht
für Hoffnungsschimmer,
daß Besseres Entfaltung fände
Kirchengrund
Neurosengarten.

Überschäumende Wasserwogen überlisten Flußbetthindernisse,
Randzonen,
den in Lust dahinströmenden Fluß
ein Hindernis
Fluten und Walten
ungebändigt über Grenzen,
tränkend durstiges Wurzelwerk
und findend das offene Meer,
mythische Mähr umrankt den Rhein,
ungeachtet fragwürdiger Werte
unterspült er Gruftgemäuer
mitreißend seine Überflutungslust,
Kreuze und kriechendes Getier im Böschungshain
ersinnt er als Treibgut
ungestillte Wasser
zermahlt Reliquien zu Krempel.

Keine Schiffe durchfahren Schifferstadt,
keine Seele schöpft Verdacht,
aus dem Gebälk der Blutgerüste
ward stabiles Beichtgestühl,
die Langmut der Beichtväterohren
vergibt den Einfältigen die Kümmernisse,
entläßt die Töchter der Presbyter in Dreifaltigkeit,
den beichtenden Knaben zürnt kein Gott,
tut Buße not an Gestrauchelten,
treibt sie Rosenkränze durch schrundige Hände,

Kirchengeläut webt Frieden über die Gemeinde,
ruhen im Mittag müde Gliederpuppen,
ruhen abgeschlagene Köpfe kühl gelagert,
auf den verwaisten Äckern verzehren Krähen Gottesanbeterinnen,
in den letzten Zügen Raupen an Rettichblättern,
an den Pfahlwurzeln nagt Bangigkeit,
das Gekröse der abgetrennten Köpfe Hasenfraß,
Kohlrabi, Rettiche und Radieschen
trauern um den Kopfsalat,
der Kantor und ein Rabbiner in Sacra Conversatione,

ohne Arglist weilt im Ort Sonnenglut,
ein jeder Hans im Glück
in dieser Pastorale,
gutmütig schwimmt; in Abweichung,
wenn Zuwachs und Auflösung
Strukturveränderung bewirkt,
ins Wasserblaue gegossen
ein faserzartes Walwesen,
Wolkenfetzen orakelnd,
ordnend Luftströme an Schleierwolken,
wunderbares Etwas
Turbulenz träumend
gaukelt Unendliches
der delphinische Himmel
in vertikaler Mächtigkeit,
verstrickt ins Spiel mit Resten von Eiskappen
Cirrostratus
bestürzende Weite durchwandert von Cumulonimbus,
Ordnung der menschenfernen Dinge in Abkühlung,
abgeklärtes All,
Ideendelphin aus Eisnadeln,

Nattern ergattern eine blaugraue Mahlzeit,
graublauer Bachgrund mit reingewaschenen Skeletten,
im flimmernden Wasser segeln Segmente der Anneliden
Liedgeräusch,
Kiesel klingen in den Verlauf der hinsinnenden Zeit,
Obstäste schwitzen unter den Fruchtgürteln,
an allem klebt hitziges Licht,
in allen Räumen
aufgedeckt der Tiefsinn des Absurden,
Birnenblüten in sich die Chromosomen zum Fallobst.

Ruhender Ort hält die ferneren Geheimnisse in Gewahrsam,
lange Schatten von summenden Masten,
die Fallstricke füt kalte Herzen,
durch die Mastdärme der satten Bürger
quälen sich die Mißstände
ballastschwerer Kulturgeschichte,
das menschliche Gefüge entbehrt der Notlage höherer Sinne,
feiste Leiber die Knebelkammern für feinsinnige Gefäßsysteme,
Radieschen gedeihen in eingepflügtem Rinderdung,
der Wesenskern der Psyche im ungelüfteten Glaubensgebäude
zur Mißernte verurteilt,

von den Dächern treibt es die Spatzen,
das bürgerliche, erkenntnistote Marionettentheater,
im Kanon des Drosselgesanges
sinnenreicher Spott über klagende Wehmutsspalter
der menschlichen Kreatur,
was sind das für Naturen auf den Narrenschiffen,
die durch Tümpel getrübter Gewässer treiben,
als wohnte Glück in morastigen Tiefen
und nährte sich von Rettichwurzeln,
so sind sie nicht im Glück
die Hanswurste
erdrosselt
im eigenen Fleisch,
die Stimme des fühlenden Ichs.

Wahrhaftig
je fester das Fleisch,
je besser döst das verkümmerte Hirn
unbekümmert in der Erbmasse,
Masse ist Trumpf
Kult,
der Sinnenrausch auf niedriger Ebene,
perfides Triebgut mündet in Gewaltpotential,
im Sumpf stillt die Gemeinde
nach den Gottesdiensten
den Durst nach Inhalten,
die sinngebenden Verlautbarungen für das Jenseits
sind keine bedürfnisbefriedigende Offenbarung.

Öffnet die Arenen für die Neuzeitheroen,
besetzt das Gestühl um die Kampfplätze,
vergeßt die Schweißtropfen in den Ackerfurchen,
fürchtet nicht die Widerreden gegen das Fleisch,
Glorie über die Häupter der Freizeitgladiatoren,
in enge Bande rücken die Römisch-Katholischen,
die Protestanten
um die sportliche Richtstätte,
aufmarschiert das stattliche Aufgebot der beschränkten Herkulesse,
mächtige Muskeln
massige Schädel
Rindergemüt,
brausend Applaus –
der Gong ist kein Sterbeglöckchen,
der Kampfrichter schmal
im fahlen Licht,
sich gegenüber kolossale Anatomien
ringen die Massen der Glieder
um den Wanst des einen,
hebelt und biegt die Muskelkraft
am Fleischberg des anderen –
autonom durchwirkt die Wut die Regeln,

Rufe und beschämende Worte entfachen
lustvolle Gegnerschaft,
ins griechisch-römische Gewühl
stierende Blicke aus der Menge,
Qualm drängt zur Ringbeleuchtung,
umschlingt die Lichtkörper,
würgt an der schimärenhaften schalen Helligkeit,
als gelte es, die Schaulust einzudämmen.

In der Zirkulation von Ausdünstung und zersetzter Atmosphäre
taumelt imaginärer Moralbegriff,
das Wahrgenommene siegt
über die Hemmschwelle des Schamgefühls,
gefügig durchdringt Lust die Empfindung.

Unentschieden über Sieg und Niederlage
erhebt sich neuer Kampfgeist
in die dritte Runde,
niedergebeugt die starken Rücken,
eingeknickt die schweißglänzenden Gliedermassen.

Heftiger Akt einer Überwältigung
des verdrängten Triebgutes
einer ins Unterbewußte verschwundenen Demivierge,
hypnotisiert von dem in Augenschein Genommenen,
das Bild durchdringt das Auge und breitet sich
als magisch fesselndes Bühnenbild
über die Retina aus,
fällt ins Innerste,
läutert die Sinne,
der Spürsinn berührt die halbnackten Leiber,
das Wesen mischt sich zwischen die kämpfenden Körper,
endlich umarmt ihr vergessenes Ich
Glück in Trance,
der Gong stört nicht den Schwebezustand,

veränderlich die Mimik der Gleichgültigen,
unverändert der Stand der Dinge.

In der Ruhepause schweifen die Blicke
über die Reihen der Schaulustigen,
lustig der gemütliche Mann,
die Zigarre angenäßt zwischen den dicken Fingern,
das rosige Gesicht libidinös besetzt,
die Augen klein
in Wonne geraten am entblößten Beinpaar einer Kleiderpuppe,
kirschrot der feuchte Mund,
pflaumenblau verfärbt die Hülle um abgerundete Teile,
die Schenkel endlos
bis in dunkle Weite,
der gemütliche Mann wird nicht der Ungleichheit
der Veränderbarkeit gewahr,
verödete Venen erblickt sein Auge
im Alltagszuhause,
hier weidet sich seine Schaulust
an einer blonden Marmeladenreklame,
der Trieb monogam im Unvermögen,
und weil es Abend ist und dunkel,
ruht das Dunkelblau der Verbenen,
im Vergehen Aurikeln auf dem Anemonenbeet,
die Kinder zum Schlaf gebettet,
über den Zaun duftet Jasmin,
die Sinne erfühlen ihren Raum,
Gebete zum Himmel fallen auf die müde Erde,
im Traum der kleinen Anna blüht ein Wunderbaum,
ihr Gott in Wasserfarben
trocknet auf dem Kindertisch.

Lautlos entflieht das Gelübde einer Diakonisse
aus dem Schlafgemach,
entsagt der Pflicht
in der Umlaufbahn der wertlosen Schwüre –

Aufgebahrt erloschenes Leben im Totenhaus,
zugedeckt der Zweck der Lebensjahre,
aufgedruckt auf rote Seide
Worte,
die dem Lebenden von besserem Wert gewesen,
wo wird die Seele genesen,
ante portas –

Die letzte Runde ist eingeläutet,
die Ungewißheit über Triumph und Niederlage
niedergerungen,
die Kraft verebbt,
zynisch drückt Überlegenheit das Schwächere zu Boden,
hysterisch hingeschleudert Ansporn zum Garaus,
in Wallung der Schaubetrieb,
die Triebtemperamente verlangen Erlösung,
Höhepunkt für irritierte Substanzen,
unvergoren fließen die Sekretionsstoffe ins Lustvolle.

Der aufreizenden Braut
erblüht das Kirschrot zum leuchtenden Signal,
in die Umhüllung schleicht sich
ein sanftes liebliches Gefühl,
dem gemütlichen Mann erstirbt die Zigarrenglut,

über die Gesichtsfelder streift ranziger Duft,
Staubbahnen umkreisen den Ring,
ob redlich und nach Regeln,
ein durchgebogener Rücken
wird in die schmerzliche Niederlage gepreßt,
fest auf der Matte,
das Standbein der erdrückenden Masse,
die Masse will einen totalen Sieg,
letzte Lustsekunde
Worthiebe –
das Schauspiel ist beendet,

Und niemand ist gewahr geworden,
wie sich das unbedachte Verlangen
durch die Hintertür über die Gewissensnöte hinwegsetzte,
die Laune der Lust findet im legitimen Laster ihr Glück,

die Saaltüren werden geschlossen
gute Nacht

ausgeschweifte Gemeindeseelen
bald im Schlaf,
träumt sich der Notstand des Selbstgefühls
in befreiende Wunscherfüllung,
leidende Psyche in Gewahrsam genommen.

Von Norden wandern griesgrämige Wolkenbündel
über das Land der Schaffhausener und Schifferstädter,
der Himmel weist mit dem Wolkengang auf andere Geographie,
den Entstehungsort der feucht düsteren Bescherung,
die über das lichte Gestirn hinzieht,
moorig grau,
vom platten Land sich erbebende Düsternis,
Wetterfront von der Bannmeile der Reformierten,
den Leinewebern der Leichentücher,
über die Evangelien zur Lebenslust,
monoton ihre Glorie in den Sandsteinburgen der Hoffnung,
mit dunklen Bezügen zum Frohsinn
sinnieren die Puritaner
bodenständig in Ehrfurcht.

GAUKLER TROLLEN SICH
im sachte wandernden Bodennebel

schleierhaft schwanken Wahnbilder
über die Torfstollen,

der Mond leidet
hinter dem Wolkenvorhang

Wollgras
zerzaust in Nachtgedanken,

Wind in Ewigkeit
im verlorenen Paradies

Weltliches Wetter und Wohllaute gefiederter Kleinode,
still hingleitendes Schweigen,
singende Tiefe der Bedeutungsgründe,
Glück aus der Versenkung der wahrnehmbaren Wunder,
pilgert das Auge über die Urbilder lachender Natur,
erhellt sich das Fenster zu ihrem Formenreichtum,
natürliche Bedürfnisse erkennen die Gestaltfülle,
füllt sich das Atemorgan mit organischen Inhaltsstoffen,
weiten sich die Koronararterien,
das Reizleitersystem nährt sich
rinforzando.

Eine Grille zirpt im Hortulus anima,
ein Mensch auf Wanderschaft
eingefriedet in Erleben,
schreitet durch die Sphäre der Erscheinungen,
erhellt an den Phänomenen, bedacht im Schauen,
Vegetation rezitiert Schöpfungsweisen,
Bauplan der Pflanzen in vielfältiger Architektur,
umgarnt von der Sinnenfreude des Erkennenden,
heiter im Erkenntnisbemühen

trübt der Götter Grollen
den lichten Tag mit Graupelschauern,
verflacht das Frohgemute der Menschenkinder,
und mit Schrecken bedecken sie das gefährdete Haupt,
die aufgesetzten Glanzlichter ermatten,
verdrießlich wetteifern die verkleideten Wachsfiguren
um die mitleiderheischenden Attraktionen ihrer Virulenzen
und verquicken die noch zu säumende Zeit
mit dem Firlefanz der Medienantiquitäten

nüsseknackend
ergötzt sich das stumpfe Auge
an Trümmertoten, toten Kindern
unter bestürzten Müttern
niedergestürzten Mitmenschen,

im Wohligwarmen weidet sich das Menschenvieh
an erkalteten Opfern der Gewaltherrschaften,
und das verlorene Gewissen lauscht
nach dem Wort am Sonntag,
den reißerisch recherchierten Wortorgien
der parlamentarischen Illusionisten,
die Sendepause geleitet die fahlen Köpfe
im Tiefflug in den Stumpfsinn.

Stumm kreisen Chiropteren
über die der Sonne abgewandte Hemisphäre,
schaudernd grinsen Nachtschatten
auf allein gelassenem Asphalt,
auf jagdflinkes Getier,
federnlassend die Wunschträume,
letzte Nacht für manches Aufbegehren
kreisende Gedanken der Ursulinen
optima fide.

Festlich funkelnd das Sternensystem,
geschliffener Schein der Himmelskörper
umlagert den Triumphplatz der Milchstraßenbewohner,
an den Häuserwänden galaktische Mosaike,
Talergirlanden überspannen die Gehwege
vor dem Anwesen des Auriga,
des Fuhrmanns mit seinen Zwillingen,
Brautschleifen erdichten eine Regenbogenschabracke
um den goldbraunen Brokat um schöne Mädchen.

Überbordend Blumenkaskaden in Bronzeschalen
auf marmornen Säulen,
Schleierkraut tropft silbern aus Glasgefäßen,
Fasern, Rot Grün hingehaucht um Mundgeblasenes,
ewiger Frühling beschenkt die Sternenmütter
mit taufrischen Wesenszügen,
ins Unendliche herrscht Vergnügen
in den astronomischen Sinnen,

ausgelotet harren Kraniche
an den Milchbächen der Via Vigne,
trunkene Fische springen durch die Triangel,
Pegasus spielt leichtfüßig die Lyra
zum Tanz der Cameloparden,
und, ungewohnt in diesem Gefilde,
stolziert ein Struthio Camelus
durch die hüpfende Schar
schwärzlicher Raben,
Schlangenträger
von Hasen begleitet
ziehen durch den blütenertränkten Torbogen,
lurchfarbene Keramikböden
von schlummernden Eidechsen besetzt,

der schnarchende Drache übertönt
die lispelnden Luchse in Pollux' Garten,
nahe dem Pfauengehege erschallt ein Lachen,
Verlautbarung einer sich darbietenden Jungfrau,
von Perseus gekitzelt
mit dem Haar der Bernice,
im Schild des agilen Gottes spiegelt sich
die kämmende Medusa,
über dem obwaltenden Geschehen beugt sich
zur Spirale gebogen
der Andromedanebel,
umnebelt beläßt die planetarische Jungfrau
den Perseus an ihren Lippen,

dem Wassermann ist solcherlei Bekundung schnuppe,
ihn ärgern die herumalbernden Mondkälber
in seinen Brunnenarkaden,
mit übler Laune geladen die Jagdhunde des Schützen,
gebissen von einem quirligen Krebs,
kreischend von den Raben angekündigt
hält Phoenix Einzug in den kühlen Park des Polarsterns,
von seiner versengten Gewandung fällt Asche
Dung für die Eisblumen,

Widder äsen an Weigelien,
die Capricorne furagieren unter Adleraugen,
ein verliebtes Einhorn wird sich seiner Seltenheit bewußt,

den Zwillingen des Fuhrmanns glückt ein Blick
auf den nahenden Herkules,
Brautbewerber
Mädchentraum,
den großen Bären an hanfenen Banden
als Geschenk mitgeführt,
und weil es Zwei am Hofe des Auriga
zu beglücken gilt,
winkt der stolze Wagenlenker
den letzten irdischen Fußgänger in sein Haus,
dem großen Bären ward Heimstatt
bei den Honigseimern gegeben,
die Mädchen huschen in ihre Gemächer
die Wangen süße Waben,
den Männern schmeckt der milchsaure Wein,
das Weitere liest sich in den Inkunabeln
Millionen Lichtjahre entfernter Weite,

absorbiert der planetarische Traum
im Fassungsvermögen des Pilgers,
ad absurdum im petit esprit
der Stutzer.

Die Erde hat den Verlust des letzten Fußgängers
zu beklagen,
die Wege durch die offenbarende Stille
bleiben leer,
das Nichtwahrgenommene ruht
in gleichbleibender Variation
abgesondertes Sein der Lilien
leuchtendes Weiß
mit nicht enträtseltem Weltbegriff,

mit welcher Raffinesse
durchdringt das Niedrige das Menschenheer,
verstrickt das Gewöhnliche
mit den Ungewöhnlichen
zum tauben Chor,
realitätsferne Wirklichkeit grast
auf den Schlachtfeldern der gespaltenen Seelen,
nimmermüde hält sich die Menschenmaschine
in Routine,
gerädert trennt sich die Vernunft
von den manipulierten Mechanismen,
die Ichstärke erblaßt im Rampenlicht
unheilverkündender Kompensation,
das emotionale Selbst in Regression,
von den Quellen ferngehalten
das freiatmende Glück.

Göttliches Gut
an die Sündenregister
und Zwänge
der Religionen
verloren?

So lebt der beraubte Mensch
in befremdendem Sicherheitssystem
das Verfalldatum am Revers,
als wäre das Menschenwesen ein Mißgriff
in der sonst kühnen Evolution ...

Sommerwind über Fotheringbay
geschmolzen die kalten Laken,
wilder Mohn hat die Herrschaft
über die Matten
blutrot

kleine Eichelkeime
Baumgiganten in Gemütsruhe,
über die Hügel entschwinden
Erinnerungsbilder,
Worte der leidgeprüften Maria Stuart
an den Überbringer
des Todesurteils

    Ich danke Ihnen für diese willkommene Nachricht
    Sie werden mir nur Gutes antun
    wenn Sie mich von dieser Welt nehmen
    die ich mit Freuden verlasse

Am Anfang war das Glück

Am Anfang war das Glück,
und das Licht leuchtete,
kein Staubkorn,
das nicht seiner Bestimmung gewahr ward.
An den Wassern Libellen mit glashellen Empfindungen,
Keimzellen des Samenkorns
unberührbar in Geborgenheit.
Pflanzliches ausgebreitet in Gelassenheit,
mit Gespür waltet Atmosphäre über dem höchsten Gut,
Protozoen und Protonen,
Miniaturen in der Kette des Seins –

kein Seiendes in Begriffe gefaßt,
so kriechen, trollen und baden sich in Natur
Amphibien, vegetativ Verwobenes, Reptilien,
kreisend die Erde um sich selbst,
aus Vergnügen um eine Sonne,
zum Übermut alles Lebendigen,
Gestein ward in der Wärme angehoben
zu schwerelosem Selbst,
aus den Staubkörnern lösen sich Atome,
bilden Kerne in diamantengefaßten Körpern,
die, in ausgelassener Flugfertigkeit ins All getragen,
den Himmel stürmen,
Fixpunkte einer Schule des Schauens,
und säumendes Geschmeide, ins Endlose gebettet,
den Raum und die Zeit feiernd.

Fröhliches Schaufenster in Transzendenz,
gesponnenes Dach über die genuin ins Irdische
geschaffenen Hominiden,
nackter Mensch in fruchtbaren Niederungen,
archetypisch eingeschmolzen in ein Ganzes,
Pflanzliches, animales Wesen,
spielend an den Wassern bei den Libellen.

Überflutende Gräserteppiche,
bestickt mit einer Farbpartitur in übergreifenden Tönen,
hingegossen um fruchtbare Bäume,
beerenspendende Sträucher,
Traubenpyramiden seidenmatt,
Krautschlingpflanzen
mit riesigen Kugelkörpern aus Fruchtfleisch,
safttriefende Ovale im Zickzack überlappender Blattgerüste,
konvex, bauchig buntes Futteral
um bittersüße Fruchtmilch,
duftbesessen, samtweiches Orangerot, elliptisch.

Und die Tage sind ein Seinsfest,
vom Morgen bis in den kühlen Abend,
die Nacht geschah zum Wohle der erhitzten Erde,
und den Menschen ward das Dunkel gegeben
als Maß, das Licht zu erfahren
als Quelle des Fließenden,
die Nacht barg die Gebärden,
und im Schlaf ruhte das Geheimnis
des ewig Neugeborenwerdens,
und die Nacht ward dem Gestirn geschenkt
zur Entfaltung seines gleißenden Bilderbogens
über die in ihre Obhut gegebenen erdachten Dinge
auf der Erde.

Und im Wechsel von Tag und Nacht
ist ein ausgewogenes Verhältnis
von Werden und Verweilen,
Sein und Endendes,
und jedes, das geschaffen ist,
ist eine Perle im Kreislauf,
des ohne Dauer Verweilenden
mit ihm eigenem Wert.

Ohne Bürde liegen neben- und übereinander
mächtige Alligatoren zwischen Aloe,
blühenden Kakteen an Tümpeln,
Tukane zerschneiden Pfefferschoten,
Korkeichenteile bilden eine Tumba
über brütenden Schlangen,
Schläuche abgerissener Lianen
Affenspielzeug,

über Hügelketten ziehen sich Trampelpfade
der Dinosaurier,
Theropoden tranchieren erjagte Widder,
deren Skelette auf das Vergängliche verweisen,
die nackten Schädeldecken mit dem verdrehten Gehörn
mystische Zeichen,

auf säulenartigen Beinen
schreiten Sauropoden durch schilfhafte Halme,
im Hitzedunst flimmernde, verzerrte Lichtbildnerei,
äsend an Baumkronen Brontosaurus,
in beeindruckendem Maßstab zur Futterpflanze,
ins endlos· verlorene Grün verteilt sich
eine Herde Diplodoken,
Pflanzen vertilgend.

Jedes Lebewesen in ihm gemäßer Weise ausgebreitet
ohne eingezäunte Parzellen,
ein Eden,
in Frieden verbleibende Ideenwelt,
metaphysische Geburtsprozesse ergänzen,
vervollkommnen die Gestaltfülle,
im lückenlosen Plan pulsiert Sinnenfreude,
in allmächtiger Andacht
das Befindliche.

Aus einem endenden Nachmittag
findet ein Hominide nicht seinen Pfad
zu den Schlafplätzen der Brüder,
verirrt sich ins Unbekannte eines Steppenrandes,
gelangt an dschungeldichten Bewuchs,
wird eingesogen vom Duft schmarotzender Orchideen,
angezogen von bohrender Stille,
so fällt er in eine neue Welt,
dringt durch die Dichte,
bestaunt von schweigenden Papageien,
der parotia sefilata,
von der Balz erschöpft
thront auf der Dreiecksspitze einer Astgabel,
der Blaukopf des schlegelia rupublica,
wachbewegt das Fremde beäugend,
eine Gelbscheitelamazone küßt eine junge Aratinga,
einer vanda tricolor entströmt Süße,
durch dieses Filigran dämmernden Schattenreiches
zieht der verirrte Mensch seine Bahn,
würdig seines Urzustandes, unwissend,

so schwärmt er aus,
durch naturhafte Tempeltore,
vorbei an den Liebesspielen der Pantherkatzen,
vorbei an einer berauschten Python,
deren verglaster Blick
das filtrierte Dschungellicht absorbiert,
und mit dem unergründlichen Widerschein
des gebrochenen Lichts
imaginiert sie das Hominidenwesen
zum Novum der Schöpfungsgeschichte,
und ehe es Nacht ist,
wird der Erwählte
das revolutionärste Finale
der Evolution
einleiten.

Fortbewegt von der Eingabe eines Geschicks,
so stolpert er in eine frischgefirniste Vedute,
eingerahmtes, tropischdurchwuchertes Regenwaldstück,
Wurzelburgen umgestürzter Mammutbäume, bemoost,
Farne mit grätigen Wedeln
beschirmen Käfergekrakel,
schlafendes Laub in Mimesie,
an Baumrindenschalen große Falter
in vollendeter Nachahmung,
schlanke, faserige Schlingen
umgürteln die aufgebauten Bäume,
hängen herab wie Lote vom Himmel,
der nur spurenhaft durch das Blätterdach gemalt ist,
schwül haftet das schwärzliche Dämmerungsgrau
im feuchten Raum.

Raunend Herzgeräusche,
tonlose Atemzüge aus den Wipfeln,
herabsinkende Nähe von Leben
verfügt über das verwunschene Gehege,
in das der Hominidenknabe eintauchte,
gebannt in dieser Aura verweilend,

ausgebreitet fesselt Erwartung
das fahldurchatmete Schweigen,
Materie modert,
Substanz zerfällt
in neue Verwendung,
zeitloser Geist des Ursprünglichen
mit rätselhaften Momenten,

und,
als sollte nichts im Endgültigen verstummen,
entlarven sich Formeln aus den Einzeldingen,
die Wirkung der Sprengkraft weitverzweigter Zeilen,
im gemächlichen Funktionsrhythmus
vollziehen sich zauberische Metamorphosen,
Ruhendes in bewegte Verhältnisse gebracht,

so fällt ins späte Tageslicht
bemerkbare Erregung,
aus dem Astwerk löst sich Bewegung,
gestaltgewordene Schatten huschen
über Querverbindungen
zu benachbarten Bäumen,
greifen nach Lianen,
hangeln,
gleiten,
schwingen,
bevölkern rasch
in großer Zahl
den gepolsterten Waldboden,
das Geschehen vollzieht sich
vehement,
lautlos,
kletternd,
in Sprüngen,
purzelbaumschlagend.

Schnell vermehrt sich das gespenstische Aufgebot,
in verschworener Augenblicklichkeit
umkreist eine pantomimische Szene
den Hominidenknaben,
dieser Ahnungslose bleibt ohne Angst und Besorgnis
und trotzt der hypnotischen Wirkung
des magischen Zirkels
in tiefer Indolenz.

Hell wird ein Mond
in die frühe Abendzeit gesetzt,
aus dem Schemenhaften
schälen sich stumpfbunte Gestalten
zu veritablen Wesen,
prächtige Anatomien,
muskulös,
clownesk gekleidet,
duftiger Haarmantel,
perlgepunktet, federnhaft,
den kantigen Kopf halslos
in breite Schultern gesetzt,
markanter Schädel
mit einer Hirnplatte
aus rosafarbenem Alabaster,
gefönte Haarbüschel verschweigen Gehörgänge,
die Augen überdacht von knochigen Wülsten,
die Nasen wie aus Stuck gegossen,
durch den die Scheidewände dringen,
aus dem Rumpf fallen ergreifende Artistenarme,
die Hände behende Werkzeuge,
die stämmigen Beine an schmalen Hüften
tragen befingerte Füße,
das Hinterteil ein Gesicht
in leuchtenden Farben.

Der Gestalt zeigen sich die Pongiden,
von vegetarischer Kost gestärkte Menschenaffen,
dem Verirrten,
pfiffige Blicke umspielen diesen
ins Verlorene gesetzten Pfahl,
bleiches Inkarnat,
läppischer Adam,
ausdruckslos das Gesicht,

Bedrückend verhaltene Gebärden
im Affenrudel,
vergleichende Betrachtung,
wertende Bestimmung,
verständigende Gesten,
in den Pongidenhirnen dämmert es,
schelmisch verzogene Unterlippen bestätigen es.
Sie haben den Hominiden zu sich in Affinität gebracht,
in die äffische Erkenntnis drängt sich Neugier,
Stille und hingerieseltes Licht belauschen
den bewegter werdenden Handlungsverlauf,
aus der Kind- und Kegelrunde
wagt sich ein buschiger Bursche
im Majoratstaat in nächste Nähe der blassen Abart,
kaum verlautbares Händeklatschen
ermuntert zu forschendem Tun,
schnuppernd,
tastend,
befühlend.

Ungerührt von dieser minimalen Belästigung
läßt sich der hypästhetische Hybride
von dem stolzen Ahnen umkreisen,
zwicken,
zwacken,
auch ein brüderlicher Kuß
erweckt keine Regung,
und welches Wesen sich nicht durch sanfte Behandlung
in bewegtes Fleisch und Blut versetzen läßt,
das erfährt einen tiefergreifenden Übergriff
auf den verstohlen schweigenden Wesenskern.

Gnomenhaft gebückt besieht sich
der in Laune geratene Affe den Stummen,
schaut mit erhelltem Äugen
zu seinen Artgenossen,
empfängt sättigende Bestätigung
in seinem Drang zur Tat,
und unfehlbar treibt ihn sein Instinkt
zu wirkungsvollerem Handeln,
er ergreift einen Arm des stupiden Aufrechtgängers
und gräbt in affenartiger Geschwindigkeit
sein kräftiges Zahngepräge
in das libide Fleisch,
tief beißt er zu,
und tiefer schweigt keine Stille,
der Mond beklommen,
zugetuscht,
alles Licht in Schwellenangst vermindert,
gähnend dunkles Wipfelloch
über das in Bann gestürzte Affengehege,
erregender Moment
vor monochromem Hintergrund,

monotones Gurgelgeräusch
aus zugeschnürter Kehle,
losgelassen aus der Affenklaue
der Arm des Hominiden,
in die Sekundenkluft von Ursache und Wirkung,
augenblicklich interveniert
die klaffende Intarsia durch Gewebeschichten,
elektrisiert das Nervengeflecht,
schlägt mit mächtiger Intention ins Hirn,
organisiert Substanzen,
füllt Venen,
aktiviert Empfindung,
rasend Schmerz,
in Erwartungsschwebe das Affenrudel –

endlich,
ins verdöste Gesicht des Menschen
entfaltet sich Ausdruck,
in Schmerzzüge gelegte Maske,
Mimik sich lösender Qual,
aufgerissen der lautunkundige Mund,
ein brennender Rachen
gähnt ins erstickte Schweigen,
und tiefer ist kein Schrei gedrungen
als das Urfortissimo,
das der Schmerz aus der verschlungenen
Innenwelt der getroffenen Kreatur peitscht.

Die Affenhorde vom Erdboden abgehoben,
ins Schattendasein gehuscht,
durch die Dunkelheit
tönt entwurzeltes Echo
dieses Urschreis,
spielt in der Ferne,
antwortet aus tausend Mündern,
erschallt hundertfach verdoppelt im Chor,
klagend trommelt es an hohle Bäume,
weint an den Wassern
wo die Brüder schlafen,
sich Libellen begatten,
klingt über Hügelketten,
schroffe Gebirge,
flieht über Meere
und leiht den Stürmen seine Melodie,
nie erlöschende Tonreihe
durch Tag- und Nachtwechsel.

Der verirrte Mensch verharrt,
in Gefühl getaucht,
am Ort seiner ersten schmerzlichen Erfahrung,
aus der Wunde entleert sich
das warme Blut,
tropft in die wiedergekehrte Stille,
vermischt sich ins Blätterfarbene,
aus der Imagination des Verlorenen
versinkt der aus der Stummheit Erkorene
in seinen ersten Traum,
der Schlaf heilender Balsam
auf die tiefe Wunde,
in der Nacht die Brandmale
der erschreckten Seele
in Linderung;

gestirnte Lichtlinien,
Baldachin über dem Schwerefeld der Erde,
Weltkörper in stimmungsvollem Kontinuum,
die Rätsel der Wirklichkeit
verharren schlaflos in der Nacht,
versponnen das Sichtbare
in den Traum eines Chamäleon,
die ewigen Dinge
im fliehenden Wechsel
mit geheimnisvoll Gestaltlosem,
tief wurzelt Sinn im Ursprung,
offenherzig die Magma Mater,
mythische Matrone,
Amme der Verirrten,
unter immergrünen Mangroven
läßt sich eine glückliche Matamata
von süßem Wasser umspülen –

»Ober-Erde«

In der Sommerresidenz Nietzsches

Morgenröte,
Jetztzeit taubetroffen,
wunderliche Morgenzierde,
magisch aufgeblühter Horizont
hinter verschattetem Bergmassiv,
kühl forscht der Inn
in den Wiesenniederungen,
betrunken Lurche
von sprühenden Kristalltropfen,
an Gräserhalmen Insektenleiber
im Eiskleid,
willig ergibt sich leichter Nebel
seiner Sterblichkeit,
Tagbeginn offenkundig heiter,
hier hinein reift die Existenz eines Menschen
aus tiefem Schlaf,
tiefen Träumen,
von der ersten Nacht
unter fremdem Federbett
schwärmen bedeutungsgeladene Trauminhalte
mit ins Erwachen,

der kleine Raum mit
Bretterboden,
Bretterwänden,
hölzernem Schrankvehikel,
Dichtertisch
und dichten Gerüchen
von verstaubten Gedanken,
vertauschten Pantoffeln,
Schweiß und Schwüren von Staubgewordenem,

zum Fenster schaut Erde herein,
felsiger Grund,
der Ausblick begrenzt,
poröse Scheidewand
zwischen einsamen Dialogen,
erleuchtenden Weitblicken,

der Kopf des Erwachten ruht,
benommen von der Abwesenheit
aus den Bewußtseinsebenen,
auf den daunenweichen Kissen,
körperlos verschwimmt der Umriß
des harten Schafottblocks,
blockierte Durchblutung
regelt sich
mit vernehmlichem Prickeln,
der Arm unter dem zur Traumvielfalt
verurteilten Haupt
schmerzt eingeschlafen,
wie vom Affen gebissen,
wie niedergerungen,
auf die Matratze gedrückt
die gesamte Körperlichkeit,
aus der festlichen Himmelszone
wieder ganz in Bodennähe gerückt,
Jetztmensch
mit unvollendeter Zukunft,
die in der Nacht die Träume infizierenden
Erinnerungsstücke von der Reiseroute
rücken in Distanz,
fern grüßt der Hahn die Schifferstädter,
in Schaffhausen webt der Morgen
mit anderer Laune
seine Wetterfront.

Klein ist auch das Haus,
in das das Traumzimmer eingebettet ist,
von scheuem Morgenlicht besucht,
an den Berg gebaute Herberge,
eher schutzbedürftig
als die Beherbergten in ihr,
sie bietet keine Bettstatt
für kleinlaute Minimalisten,
bänglich normal Verbrauchte,
im Komfort gleicht jede Räumlichkeit
den Studierstuben der Gipfelstürmer,
den Räumen entströmt Gemütlichkeit,
die einen Nachttopf verlangt,
auf das in Vehemenz versetzte Hirn
denkt man sich eine mottensichere Schlafmütze,
daß sich kein Gedankenfunke erkälte
und wie verhustet aus einer Reimreihe stolpere,

mit ungereimter Absicht
streckt der Aufgewachte seine sockentragenden Füße
ins karg temperierte Idyll,
die Spinne im Zahnputzglas hofft wie er
auf einen unbegrenzten Auslauf ins Tagesgeschehen,
sie zusammengekräuselt,
er versponnen
ins Netz des mannigfachen Nachtgeschehens,
beide in Futuris,
es wird gehen,
aus seiner gläsernen Begrenzung
zu gelangen,
es wird sich geben,
beginnende Beglückung
in der neuen Umgebung.

Hoch hinaus hat sich die Ebene
unter hellstem Himmel ausgebreitet,
sich einen Fluß genommen,
der durstigen Stille ein Fußbad zu geben,
lockt Quell- und Schmelzgewässer,
die großen Spiegelstätten zu glätten,
in Dreifaltigkeit
hingegossene Seelenmeere,
hoch über dem Meeresspiegel gelegene Seenplatte, trittfest für
Empfindungen,
tief getaucht ankert Besinnung
an den Grundfesten
kühl verwahrter Seligkeit,
angehaucht von jugendlichem Grün Lärchen,
im Westen und Osten hat die Eiszeit
mit Bergen bemalte Paravents stehen lassen,

endlich mit dem ganzen Gliedergerüst
neben dem Bett
wirkt der Raum noch kleiner,
der Koffer duckt sich
wie ein subalterner Hund
in die befohlene Ecke,
die Bergschuhe
knurrige Miniaturmoränen,
der Spiegel zeigt ein altbekanntes Bild,
auch dieser spiegelt einem die Ichfassade
mit beherztem Mut,
die Spinne signalisiert Sympathie,
vermittelt Lebenswillen,
man fühlt sich lächerlich
gegen so viel Größe gesetzt,
das Fenster öffnet sich –

das vielbeinige Wesen,
in der Farbe des Abflußrohres,
in Freiheit gegossen –
eingelassen ein frisches Lüftchen,
es greift nach der abgestandenen Schwester,
belegt den Raum mit Gänsehaut,
ohne Federlesen wird kaltes Wasser
an dem schüchtern erwachenden Körper angewandt,
ferienmäßig
äußerst exogen,
in diesen Tagen soll nichts
durch Routine gedemütigt werden,
dem leiblichen Wohle diene magere Kost,
am alten Speck zehrende Fastenzeit
mag die dickwandige Hülle durchgreifend
ins Durchscheinende entfetten,
und bald erweist sich
das aufs Erforderliche reduzierte Gehäuse
als vortrefflich zugeschnittene Tracht,
neues Erscheinungsbild
mit fesselnder Reizwirkung.

Üppige Nahrung soll nur den rudimentären
Teilen zukommen,
vielleicht gedeiht Niedagewesenes
aus dem Unvollendeten,
entfaltet aus dem ursprünglichen
ein wesenhafteres Menschenmuster
als die hingequälten Komma-Strich-Figürchen
mit ihrer würgenden Absolutheit,
die Armada stereotyper Zeitgeister
vegetiert wie Mastvieh
in überfüllten Neuzeitstallungen,
Kälber an den Trögen des Abgottes
eines ausgearteten Fortschritts –

lassen wir sie ihren Hormonbrei vertilgen,
ewig gesättigtes Fleisch,
nekrotisch,
Negation des schlammüberfluteten Weltbildes,
dem schlummernden Gut an Glückseligkeiten
sei Tür und Tor geöffnet
und der mit den immer gleichen Maschen
strickenden Mühsal der Rücken gekehrt.

Kehren wir in die Verhältnisse vor Ort zurück,
durchgelüftet der Raum,
durchblutet der Vorhof
und die Kammern des Herzens,
der behaglichen Herberge
pulsiert das hölzerne Knochenmark,
Zettel erheben sich mit ihren Wortzeugnissen
in den die Einrichtung streichelnden Luftstrom,
das Kalenderblatt preist flatternd seinen 16. Juni an,
Mitbewohner liefern eine gedämpfte Geräuschkulisse,
werden später Komplizen für Beziehungsweisen
zu planetarischen Träumen,
erkenntniserhellende Gegebenheiten,
Türen öffnen sich,
Morgengrüße,
gute Stimmung in der gemeinsamen Küche,
Mitmenschen mit freundlich
geöffneter Erlebnisbrennweite,
ein jeder mit der Morgenmahlzeit,
seinen Bedürfnissen angepaßt,
Kaffeeduft entströmt einer klobigen Kanne,
Kandis knackt im Kräutersud,
in Magermilch und Müsli versenkte Früchte
versüßen das Mandelbittere,

ein wandernder Sonnenstrahl liest
auf den Gesichtern die eingeschriebenen Merkmale
des luziden Ichs,
jeder mümmelt sein Mahl,
ißt in Stille,
ist im Einklang mit sich.

Über dem Küchenraum ein Zimmer,
der Boden gebohnert,
Tisch und Bett alte Gesellen,
die Tapetenwände verschlingen das dünne Licht,
am Fenster zögert der Morgenschein
in Ehrfurcht vor der Andacht im Halbschatten,
über Bruchstücken
und Gliedmaßen
und grausen Zufällen,
aber keinen Menschen,
brunnentiefe Stille,
im alten Bett ruht
menschenmüde
der Tod,
daß mancher Mensch
mit abgelaufener Uhr
in einem schalen Wartezimmer
einem langen Ende entgegenreift,
mehr Wärme hat die Wäsche,
die in der Sonne bleicht,
verstreut die Hausgenossen,
jeder mit anderem Tun,
draußen oder in seinem Raum,
die Zeit musiziert im Sekundentakt,
der Neuangekommene sinnt im Liegestuhl,
von Bläue überdacht,
blau blüht die zarte Bergclematis,
Frühlingscolumbine,
hüllst wintermüdes Geäst in Sommerlaune,
legst dich tröstend über Abgestorbenes,

neigst dein ungeschminktes Haupt
über den Tagträumenden,
ein Flüstern umsäumt die windgeschützte Ecke,
die verlassenen Orte
ferne Punkte in Erinnerungsresten,
von mäßigem Wert das alte Zuhause,
heimlich reift in der schäumenden Schönheit
ein neues, eigenwilliges Selbst.

Aus dem Fenster über der Küche
grüßen ein Wanderer und sein Schatten,
erwähnen Worte
– in mancher Natur-Gegend
   entdecken wir uns selber wieder
   mit angenehmem Grausen,
   es ist die schönste Doppelgängerei,
   wie glücklich muß der sein können,
   welcher seine Empfindung gerade hier hat –,

hier, das ist
Sils-Maria im Oberengadin,
hier, das ist
die Sommerresidenz Zarathustras,
und seines Vaters Nachtgedanken sind erhalten
mit Ewigkeitswert
über dieser »Ober-Erde«,
erhalten hat sich die Sphäre
für zugängliche Wunder,
und Teile unversehrter Natur
erlauben eine Spurenlese
vergessener Strukturen –

der Vormittag wiegt seine negride Geliebte
in ihrer neolithischen Hängematte,
einer Dattel gleich
die Hingedachte,
braun
durchsüßt,
mit rundem Mädchenmunde,
ihre Nektarinen umfächelt Malojawind,
im Liegestuhl schwelgt der Körper
in den Zwischenstufen
subtiler Sinnlichkeit,
linear Gedanken,
Gefühl illuster,
geschwind organisiert sich
die gewonnene Wonne
mit dem rätsellösenden Unterbewußtsein,
im Phantasiestrom gleiten
Trauminhalte in ihre Bedeutung –
gelöste Rätsel,
Grundstoffe für Erkenntnis,

was hat die Seele berührt
hierhinzueilen,
die Empfindung angerührt,
dieses einzigartigen Ozeans an Helle
bedürftig zu sein,
das gefährdete Ich in der Hohlheit
der Konventionen,
die Psyche in der versteinerten Realität,
oder
ist das Auge beleidigt
vom Anblick des Lamettas
an lamentierenden Lahmen,
sich selbst versäumenden Menschen,

erblindet nicht die Lust des Schauens
angesichts der Sargfratzen der Quäker
und quiekenden Gehirne der Viehtreiber,
welche Sinnlichkeit erhebt sich noch
am Anblick der punktierten Normalnullen,
entwässerten Nurses,
da schaudert es die denkende Seele,
bekümmert verzieht sich die Schaulust
aus dem befremdenden Normalbetrieb,

notorisch kleiner machende
Herrschaft falscher Wahrheiten
schlägt den schönen Schein zu Schaum,
illuminiert damit die Bärte
der Protzen,
Kümmerlinge,
Schaumbrei über die Pathologien des Alltags,
Bühnenstücke und Notstandsgesetze verweisen auf
perverse Hypochonder,
romantische Hysteriker,
Todestrieb
Delirien
choreographiert
deklamiert,
im Englischen Garten lüftet ein Herrenreiter
seine Kappe,
kühlt seinen Hydrocephalus,
Pinscher zittern im Wind,
verdrehte Mädchenköpfe
von Hyazinthenduft
hypnotisiert,

das Leinentuch des Liegestuhls
wölbt sich um die Rückseite
des menschlichen Spiegels,
in den sich die Weltdinge fallenlassen,
ihr Schweresinn erfährt sich
in den Dunkelräumen
des welterfahrenen Denkens,
sicher lag so mancher bequemer im Denken
und hatte eine Couch unter Kopf und Körper,
und der befragten Psyche geschah
gelenkte Ebbe und Flut,
oder gar
das Geträumte floh nach Wien,
ins viktorianische Gelaß des Luther der Libido,
da wurden Tabus und Träume geknackt,
an Schuld und Scham geschürft,
und keine Columbine wachte im abgedunkelten Raum, die Sonne
praktizierte anderswo,

die Erben des Schürfrechts walten
noch heute ihres Amtes,
selbst Lieschen Müller weiß davon,
neben distinguierten Potentaten sezieren
Promovierte
Diplomierte
Ordinierte
ordentlich Gekleidete,
Plombierte
Parfümierte
Seelenlose und Irre
an
Volksseelen
ödipalen Krüppeln
intakten Kindergewissen
deprimierten Wölfen
depressiven Husaren,

im weißen Kittel ist die Tollheit
sanktioniert,
und wie toll
wird an toten Seelen
operiert,
Manische manipuliert,
Determinanten zementiert,
schmutzige Hände
greifen in die Traumtaschen
der Trostbedürftigen,
die beraubte Seele bleibt ohne Profit,
in ummauerten Häusern
haust stummer Geist
der Seliggepriesenen,
die Husarenstreiche der Neurosentöter
haben keinen,
eingerahmt die Wunderbildungen des Wahns
hinter verschlossenen Pforten,

vor den Toren mordet Normalsinn,
auf Vernunftböden häufen sich tote Keime,
zerstückelte Resonanzböden des Ichs im Müll,
aus den Mäulern der Hanswürste
Zoten und giftiger Speichel,
zwischen braunen Zähnen zermahlt der Pöbel
gleichgültig Schmeicheleien,
artige Kinder apportieren
weggeworfene Lügen,
letztes Leuchten eliminiert –

Adumbran und Aponal –
wäret ihr nur Orte, Berge,
schöne Mädchen,
und nicht wahnerweichend,

Imap, Omca
Onkel aus Amerika,
und nicht tauber Trost
in schlechten Tagen,
in tausend und einer Nacht
wärt ihr die schönsten
Namen,

und wo Vampire
beben
zittern,
variiert Valium zögernde Schritte
in schwingende Valenz,

vagieren Geistersehrer
nachts in Nervenlumpen,
kleidet Frisium
die kalten Seelen
in velours de laine,

mondsüchtige Mänade,
schwankst du,
irritiert,
auf Wahngebäuden,
antipot in Schizophrenie,
Zeus gewährt dir Halt
und Melleril,

schöne Namen
schöne Worte
schöne Welt
ad infinitum.

Menschen gehen,
Gebäude öffnen ihre Kragenknöpfe,
was kann, schöpft von den Himmelslüften,
Wanderer
wie Häuser am Tag der offenen Tür,
mit nackten Waden,
weißen Hälsen,
weiten Blusen, knappen Hosen
– Proportionen scheinen durch Musselin –,
falschem Leinen,
bunte Röckchen
kurze Röckchen
wie Kreppapier um Alpenveilchen,
da geht eine Stangenbohne
mit Brötchenbrüsten,
da führt ein Fregattenkapitän
seine Konfirmandenuniform
spazieren,
ein Gockel aus Köln navigiert
seine Eigelsteincarmen
um ein langes Cabriolet,
eine Kammerzofe
aus Chaudeau und Marzipan
trägt ihren balcon tort
naiv
verwegen,
Menschen gehen,
die Straße befördert Kutschen,
ein Mittag mit fröhlichem Gemüse

Allegro

Ursache und Wirkung,
Begriffe im beliebigen Kontext,
Bedeutungsfülle ins Zufällige modifiziert,
Ursächliches in wirkungsvolles Blendwerk
eingegossen,
Zuckerguß um Seelenpein,
die Psyche zerkrümelt in Theorien,
Normen nebulös,

losgelöst aus den Schwachheiten
diktierter Moral
Mode
modester Verhältnisse,
verliert der Wundverband um das Befinden
seinen Wert,
wertendes Ich,
verlassene Not,
da blüht aus der Vergangenheit
und Irrtümern
ein gedeihliches Beisichselbstsein –

das Kirchlein in Baselgia
läßt sein Glockenstimmchen
in den Mittag tropfen,
die pharmazeutische Sonne
hochgehängt,
löscht den Schatten in der Columbinenecke,
Temperatur und Temperament eins,
die Herbergsmutter salbt den Aufgewachten
mit erfrischenden Blicken,
mahnt, die Therapie zu unterbrechen,
Mittagszeit,
Gespräch über Ehemalsbewohner,
Dorfgeschichten,
petit dodo,
dolce vita der Körperlichkeit,
brüderlich in Raum und Bett geduldet,
verflüchtigt sich ein letztes Ansinnen
alter Müdigkeit,

und eine Stunde weiter
schnürt der Wachgerüttelte
seine Wanderschuhe,
verläßt das Haus
als Pächter eines Wonnegefühls,
angetan mit der Einbildungskraft
eines Glücklichen,
schreitet er langsam durch die
schmeichelnde Witterung
mit Bleistift und Block
für schleichende Wortüberfälle,
und während er geht,
vorbei an Häusern, die sich die Hand geben,
den Bettburgen der upper ten,
der turbulenten Tutti-Frutti-Touristenklasse,
entzündet sich im Ultramarin des Himmels
die Geistigkeit einer Götterdämmerung,
Aphorismen
granuliert
weissagen
Tanzschritte über allgegenwärtige Fallgruben,
und ein ins Letzte bekehrter Wille
führt den Wanderer
durchs ptolemäische System

zur Chasté

CHASTÉ

Ich habe mir ein Licht ersonnen
das auf Wogen tanzt

Farben und Wonnen
Orphisch versponnen

Seliger Reigen
Bräuteschauer

Seinsbesessen tanzt Libellenglück
Fernes Purpur
Feuchte Schimmer
Gelbe Träume irgendwo

Bad im Ganges
Blaue Grotte anderswo

Kleine Welt mit Lärchenbewuchs
Katathym
Kristallinisch
Metromorph

Ruinenreste wahnbewohnt

Adieu Chasté
La Folie

Val Fex

Klima und Klimax
Hopfen rankt, kein Malz ist verloren
erhitzte Mauerreste
Glockengeläut.
Kühe, der Euter schwankt, mit rosigem Gesicht,
der Schweif kein sicherer Fliegentod,
ewig wiederkäuendes Lustprinzip,
die Kuh ein Synonym für Mädchenaugen,
Traubenbrust mit Zimt besprengt
Lippenrot
rostrot Lilienschweife

Junisonne auf geölter Haut,
Käfer glänzen zwischen Sandgeriesel
Wegbettzierde
Gartengestühl und Tortenböden,
Begierde erhitzt die Willkür,
erwärmt das Körperliche –
Opfertod der Jungfernschaft
Glaubensglut und leergefegte Kinderstuben
taumelnd in die Wonnen eines Freigeheges

Berankte Wand im Schatten
Licht im Vorderfeld –
da liegt sie da, die Kuh, und mahlt das Aufgestoßene
Chlorophyll im Speichelspiel,
ein Milchbach fließt ins Wiesensiel
verträumter Mädchenblick
Männertrost im Schaumkraut badend,
ein Schenkel zeichnet ein Dreieck,
der Rest ist Sinnenzweck
und liegt eben
eben das blumenbewohnte Tal
Talmud und Silberglanz,
ein Blick bewohnt die Achselhöhle,
Dronen verdrängt vom Eingangsort

feuchter Boden
Schattenzonen
verblichene Reize
vergebliche Worte
letztgewolltes Glück im Klimarausch
Befindlichkeit in Höhenluft
glückliches Sils Maria,
dem Himmel so nahe friedvolle Stille,
die zerrissene Seele alter Jugendträume
Kindheitsdrama,
aufgebrochene Wunden heilen im Wind und Finden,
zu Gebote stehen nicht die Tugenden,
der Gehorsam verletzt das Freiseinwollen –
lache, geraubte Sabinerin,
huldvoller Kuß auf aufgewecktes Fühlen,
furchtlos genossenes Glück vervielfältigt
den Reichtum des Selbst –

Blühende Weite ohne Schranken,
ein Nachmittag für Faune und Farben,
Veilchen tanzen Bolero
Kalkül der Phantasie,
der Weise schaut mit Kinderaugen die Idylle,
Wirklichkeit erklärt sich farbenfroh
in der wärmenden Stunde
eine Schöne mit langen Wimpern, geradem Nasenrücken –
Ebenbild der Ersten Liebe,
der Knabe von Feen verführt
Stadium wirrer Träume
Materialien für das Unterbewußte

Bausteine der Berge mit üppigem Pflanzenbewuchs
äsender Steinbock –
die Symbole der Stärke leben einsam.
Wer nennt die Namen der Höhen, die noch begehbar sind,
Sommerschnee Berninawände

im Gartenraum singt die Hitze,
Beete dürsten im Sonnenbrand
greise Geranien wuchern
leuchten,
brennende Liebe und Mädchenauge
feiern
die befruchtende Beiwohnung emsiger Insekten,
spielerisch erfüllter Zweck
Lockendes
Erliegendes
Natur ohne Hemmnisse Lehrbeispiel für glückhaftes Tun
in überlebensnotwendiger Abhängigkeit,
Spurenlese für eine Anleitung zum Glücklichsein
in unseren Gärten –

Lychnis chalcedonica – Coreopsis verticillata

Der Mensch ist nicht so fern verwandt dem Baum,
daß sich nicht Gemeinsamkeit vermuten ließe –
es ist nicht gut, daß der Mensch allein sei,
und jene Hummel auf dem aufgeblühten Mädchenauge bist du selbst
im Gelb und glücklich sinnlich trunken,
Erkenntnis und Traum, erotisch umsäumter Raum,
die Blumen sind deine Schwestern
die Steine erhitzt
Weggefährte der Baum, die Zweige leise
wie schön sind deine Augen

Kaffeeduft, Sonnenschirme aufgestülpt,
die Schürze der Bedienung hat einen Hohlsaum,
weiße Gartenstühle aus alten Zeiten,
und eine Lady, die sie kannte, als sie noch neu waren,
vier Frauenzimmer schwanken zwischen Schatten und Sonne,
es wird Kuchen geben und Geschwätz –
bevölkertes Gesichtsfeld,
die Betrachtensweise wird ein Gemisch sein müssen
aus wohlwollendem Eingriff in das strahlende Ambiente der einen,
das andere Mal Oppression zur glanzlos ordinären Exhibition
der vier weiblichen Frohnaturen
zweimal blond brünett und einmal beinahe schwarz,
die Frage der Echtheit stellt sich nicht.
Braungebrannte Mienen,
die Augen hinter Porsche-Design, diskurent zur Nasenanatomie,
lachend und laut
Prêt-à-porter über den klimaktischen Körpern
Kuchen für alle zwei Stück,
der Nährwert verbirgt sich unter kunstvoll eingefärbter eßbarer
Architektur,
volle Münder unterbrechen den Redefluß,
der rheinische Dialekt fühlt sich hier nicht wohl,
aus offenem Schuh wagt sich ein rotlackierter Zeh
zu breit, einer Geisha gehören zu können,
alles andere mag sein und scheinen, wie es will.

Ein leichtes Lüftchen kühlt die Stirn,
die Szene wird belebter
ein Hund klein und selbstbewußt struppig die Augen wach,
die kurzen Beine Räder zu haben scheinend,
er hat Frauchen und Herrchen mitgebracht,
mit sicherem Instinkt placiert er sie weit genug
vom plötzlich aufbellenden »Ach, wie süß!«,
die Neuankömmlinge kehren der Aufmerksamkeit den Rücken,
das Kluge kam auf leisen Sohlen.

Das Kännchen Kaffee für die lächelnde Lady
ein Teller mit Pâtisserie
ein freundliches Danke mit Akzent
welch andere Welt,
Kultur aus Tradition entwickelt,
Annette Kolb hat es beschrieben, wie es war,
als die Stühle noch neu waren,
diesen Ort, dieses Licht,
die Menschen aus Dichterstuben Herrensitzen Sanatorien,
dunkelblaues Damals
Zeit der Traumdeuter,
Zarathustras Erben
mormorando,
jetzt, in sprechenden Händen, feines Gebäck
zartes Wesen, Relikt und Wirklichkeit,
in Mädchentagen hiergewesen und gestern,
wo die Stunden Gedichte wurden,
die Gesichter Geschichten.
Après-midi d'un Faun
Maiglöckchen im Glas,
die Väter Cognac-Kenner, Rilke-blaß,
die Mütter mit seinen Versen,
sie trägt die retouchierten Züge dieser Zeit
eine Brosche am Seidentuch, das schützt den kargen Hals,
schmal das Gesicht oval
die Mandelaugen mit grünem Star
altersloser Charme
Maquillage aus dem Pastellkasten,
die Haare hochgesteckt im lila Ton –
wie sie wohl waren unter dem großen Hut
beim Pferderennen in Ascot,
am Nil unter dem Tropenhelm müssen sie blond gewesen sein
ockerton im Wüstensand
ans pharaonische Grab in der Sänfte getragen
trägt sie, wo nur noch Augenblicke zählen,
Schmuck und Wesen mit gütigem Glanz,
Gesicht und Zeit
memorabel

Memoiren murmelnde Erinnerungsstücke
Herbarien voller Sterbestücke,
im Zeitgeist verblaßt das Leuchten von gestern,
Wonne und Glück sind neu zu befinden,
Töne von gestern melancholischer Reigen,
lebt wohl, schwelgende Oden eingestürzte Odeen
betäubender Weihrauch
Opinio communis
gefährliches Flüstern,

Nacht und Mond, Unkenrufe, Schlafwandler und Stumme träumen,
tränendes Blattgespinst
toter Hirsch, eisiges Geweih
langes Dunkel
die Angst vorbei

Selbst noch einmal in den Tag geworfen
kühl die frühe Stunde ohne Morgenrot
erquickliches Beginnen,
geteilt der Laib Brot,
waches Begehren,
sich wollend in die Geschicke einlassen
fern den Regeln der Herde,
Erdgeruch an vergessenen Orten
für neue Töne weite Seele

lieber in der Einöde an den Rätseln ersticken,
als seinen Durst an den alten Quellen löschen.

Aufbruch aus der Atemzone
der Verdrossenen Unzufriedenen Angeketteten,
sich von der Ebene entfernen, wo kein Falter fliegt,
nichts ins Unendliche wächst,
verbrauchter Grund und Boden, keine Linde duftet,
Hunde sind an der Leine zu führen

wo die dressierte Menge Possenreißern lauscht
gehorcht
durch die Geschicke gezerrt,
eines Tages am Ernst Verstorbene,
auch dann nicht glücklich
– was ist der Mensch in seiner kurzen Zeit –
selig nur an Karnevalstagen, Carnevalis – Fleisch, lebe wohl –,
irgendwer hat ihn betrogen,
und die Güte der Betrüger währet ewiglich,
daß die mit dem Fegefeuer bedrohte Glaubensgemeinde
zu keiner Erkenntnis gelangt
getilgtes Empfinden
bangen sie durch das Sein,

begrenzte Räume, Todesängste,
lähmendes Treiben sich verkleinernder Tugenden,
Moralapostel mit falschen Papieren
mittelmäßig,

sei leise, aufgeweckter Einzelner,
atme unter freiem Himmel, schweig und schaue,
wenn du oben bist am Pfad,
wo winterhartes Geäst Brautschleier trägt aus verhaltenem Grün,
der Boden unter deinen Füßen farbenfroher Granit
erste Erkenntnisse
Schule des Schauens, Erkennens,
vielfältig Lebendiges erfühlen,
wissentlich Erkenntnisse als erotischen Strom erfahren,
weil denn ohne den Eros alles Lebende seine Buntheit verlöre,
daß man es nicht mehr schauen kann, das Gemeinsame –
welch unbekömmliches Verweilen ohne Wonne,

gehe staunend und entschlossen
dem niederen Selbst enthoben,

begehbar ist der Traum von Blumenwiesen,
feucht und mäßig heiter
führt der Pfad zum Erweckungsglück.
Brückenbord am Kalkgestein,
der Sturzbach kühlt die Euphorie, Hiob hier seine Wunden,
für Zweifler wächst hier kein Kraut, das Wirkung zeigt,
Korrosion und Felswandblöcke, Heidengrotten, Nonnenwünsche,
noch scheint kein hellstes Licht auf das aufgewühlte Gemüt,
sanft steigt es an mit Lärchenbewuchs,
durch das Geäst reift ein erstes Augenfest,
Duft
Aromastoffe
Wiesengrund im Vorderfeld,
Schweigen weilt, von Tau beschirmt,
hoffnungsfroh entzündet sich ein Ach –
Wein und Wehmut liegen kühl,
ein Karmeliter bete in der Au, Rom ist weit,
und keine Glocken läuten,
eisgraues Gewand,
aus dem ewigen Winter in der Kartause in warmem Wind,
weiße Hände zum Himmel gerichtet, leutselig, versunken,
Gleichmut trägt das geneigte Haupt,
die Körperschwere ist aufgehoben,
dahineilend die Formeln in die Dunkelheit des Marientempels,
so verlieren sich die Bitten aus dem Licht der Welt,
nur der Glaube kann sie begleiten durch die Finsternis
bis in das Unendliche,
aus dem die Väter die Hoffnung säen,
welche nur in der Erkenntnis keimt – das ist gewiß,
doch durch keinen Glauben kann man auf Erlösung hoffen,
ohne die erste Stufe eben einer Erkenntnis –

Verlaß dazu die Kathedralen, wo goldne Litzen an den Altären blenden,
Säulenheilige zu Bitten und Flehen schweigen,
heraus aus den Kirchen, in denen das Firmament aufgemalt ist,
weihevoll Worte Gehorsam predigen, die Gebote fesseln,
damit du nicht reinen Gewissens seiest,
du sollst nicht merken, keinen freien Geist entfalten –

Die Natur versagt sich dieses Unbehagen –
fließende Ströme. fleißiges Wachsen –

Gehen und in Wundern wandeln,
du weißt, wo die Väter begraben liegen,
der Himmel ist unbewohnt
ungebeugt die Natur
keine Gebote,
alles Maß sind Gesetzmäßigkeiten,
lebendiges Wirken, weise erdachtes Werden und Vergehen,
ein freier Geist muß ihr Schöpfer gewesen sein,
ein großer Gärtner – in seinen Garten sind wir geladen,

Taumelnde Ergötzlichkeit Farbgeflimmer Himmelsblau, Vielfalt von
Formen – behaart, gerollt und fleischig schön,
windstille Räume in Polsterrinnen, eurotyp –

Pulsatilla vernalis
zerzauste Perücken auf Matten und Triften,
Immergrün im Schaurigschönen
lodernd weiß im zottigen Leuchten,
behaarter Grund, gestielte Hüllen,
kalte Braut im Jungfernkleid
laubblattlieblich, leicht verletzlich,
lieblich schön, schöner die Wonnen,
ehe der Schauer zerronnen – gelappt, gesägt, gezähnt, gekerbt

Endodermis, Endoenzym
Schneerose in Weiß über ranzig riechendem Wurzelstock,
purpur grün verblühtes Wesen,
Hahnenfuß und Alpenmohn
weißer Mond im Fernwehdunkel,
Flugsandbeete, Ewigkeitsgedanke,
arktisch kühl im Unendlichen,
behaarter Kelch, transparentes Weiß,
Mohn im Sterbekleid,
Verweilen ohne Dauer,
rotgepunktet, weißlichgelb, immergrün am Bodenbett,
Wunderwerk in Blattranddrüsen

Saxifraga paniculata
halbkugelige Rosettenpolster in Felsspalten,
schraubig gedrehte, fedrig weiße Griffel,
gekerbt und kriechend,
Klagelied am Rosenschrein,
schöner Schein im Gletschergewässer,
Zeitlichsein im Trugschlußschloß

Uva ursi
scharlachroter Früchtemund, mehlig, Beerentraubenlese,
verkehrt-eiförmige Blätter, Wehemittel,
Hilfe bei mitleidslosem Harnwegsweh
Arb utin, Flavone, Endzeitgeflüster

Vita contemplativa
um was soll man noch bangen in dieser Überfülle üppigen Seins,
die Welt sollte schon gestern untergehen,
nun ist sie noch da heute und du dabei,
Gewißheit im Jetzt,
feiere den Augenblick, solange er ist,
Wirklichkeit findet sich nur in der Gegenwart,
Augenschein des Schönen
unmittelbares Glück,
ein anderes wird sich nicht finden,
heiter empfindet man sich schwerelos
in die Hoffnung fallengelassen ohne Ewigkeitswert –
tröstliche Sekunde im strahlenden Licht
und aufgeatmet
schon gewesen,
daß man im Schatten steht

Realität,
das in Augenschein genommene Paradies macht noch
nicht die Hölle vergessen,
mit anderem Wissen wäre man einem kindlichen Glauben aufgesessen
–

Horn und Fettkraut treiben sonnendurstig
aus dem lockerrasigen Kraut,
Steinschuttgesellschaften wandern zur Frühlingsweihe
kriechend über lilagraues Gestein,
tief im Geröll wurzelt der Ursprung,
geteilte Lippen, begierig lockender, offener Mund,
verführerisch die behaarten Schlundflecke in reinstem Gelb,
aus quelligen Stellen lockt diese
fleischfressende Braut,
an klebrigen Drüsen verklingt ein Summen
Insektentod in Hungersnot

Absorption, Oppressionen
schöner Busen am schwarzen Meer
mit deiner rosaroten Rosette
hingegeben durstig,
schon betrunken,
nun gibt es dich nicht mehr.

Edelweiß und Reflexionen
weißer Schimmer, glückstrunkener Blütenstern
filziges Kleid im Wind,
geschütztes Mädchen mit tausend funkelnden Luftbläschen im Haar,
von dir träumt man in fernen Ländern,
die Windsteher
Goldgräber
Neugeborenen,
wieviele Male hat man dich geköpft, ausgerisssen
aus deiner felsigen Heimat,
getrocknet an Hüten, in Broschen gepreßt,
wen wundert es, daß du deinen Übeltätern
jeden glückbringenden Moment versagst,
bleibe den Bewunderern
in deinem einsamen Bett

desperat,
wie doch der Bedürftige seine Seligkeit vernichtet,
im Haben sucht er seine Wonne,
aus den Wünschen werden trübe Gewässer,
Hoffnung ins Ungewisse bereitet Unbehagen,
Wünsche als Plage
Einfalt der Verzweifelnden.

An ihrem Ort belassen
die Krokuspracht,
Falter und Hummeln üben Frühlingswalzer,
bestäubendes Getümmel,
weißer Germer, breitoval auf Lagerfluren,
süßer Duft und Atemnot
am Wurzelgrund der sichere Tod,
Sonnenschein auf Trichterblüten, Heil verheißend,
erbrochener Genuß,
wie sich die Zustände ändern können,

rettender Veratum album,
überlebt auf schneefrei belassenem, saurem Boden,
Faltenlilien, zarte Zierde in schroffer Höhe,
bunter Punkt im Urgestein,
kleine Columbine rotgestreift,
fernes Wunder,
von den Tälern des Trübsinns hat sich die Spur verloren,
schmücken moussierende Bewegungen
des amorphe Ruhen der sturmgravierten Felsblöcke – Attitude
croisée
Attitude développé effacé,
wie es tanzt, Aurora weht ins Bild,
Morgenröte durchscheint das Unsichtbare,
heißer Atem trifft ein Lilienbündel,
wie sich mit, Wirbel, drängende Rhythmen,
staunend dem Schauenden den Körper mitgerissen,
unbewußte Sinne lösen verkümmerte Triebe,
schöpferische Quellen erwachen ins Bewußte,
Arabesque ins Weite
taumelnd heiter im Gleichgewicht

Les Sylphides
lyrisches Pas de deux
leichtfüßige Sinnlichkeit
löst den inneren Kern aus der Ägide der Angst,
zerstreute Zwänge
einsames Unendliches,
die Seele als Vogel
Pandämonium
unbegreifliches preisgegeben dem Tageslicht
fühlen
schweben
Ver Sacrum –

Abstieg aus dem Dahinströmen,
die Sonne steht an ihrem Höhepunkt,
Hitzeströme durchwandern den wenigen Schatten,
schlafende Viper, versengte Vergile,
Gebärde und Sinne müde –
wie es schweigt und duftet,
Ruhe nach dem Erlebnisrausch,
Wirken der Erkenntniskraft.

Trollblumen
kugelrund
blinzeln in die Sonne,
dort wird es sich gut ruhen lassen
am Rand einer feuchten Wiese,
die Bühne der Sylphiden im Rücken,
und es schaut sich von hier gut ins Tal,
so verliert sich nicht so leicht der Zusammenhang des Pfades,
an dem man gerade weilt, mit dem Ort,
von dem man kam, zu dem man zurückkehren wird,
reicher nur, ohne daß man daran zu tragen hätte,
keine· Eile ist geraten,
Muße wird sich gut mit dem Zustand des Wohlgemutseins vertragen –

Eben noch die Vehemenz des eruptiven Erwecktwerdens zum Wirklich-
sein –
jetzt Kontemplation,
Umsicht verlangen die Stufen des Er-kennenlernens,
und nicht wenig Glaube wie Hoffnung sind nötig,
bis man zur Glückseligkeit gelangt.

Es gibt die Tagträume,
in denen Rosen blühen,
die Tage an sich sind kein Traum,
und heitere Wonne kann auch nur Verblendung sein,
wie schöner Schein einmal wirklich ist,
ein andermal Zauber –
möchte man da nicht lieber ein Einfältiger sein,
dem die Seligkeit, von einem Gott gepriesen,
vom Himmel fällt
– mit dieser neuen Erkenntnisstufe – nein –

Gerbsäure des goldgelben Fingerkrauts ätzt die Initialen
der Mutter in die Wanderjacke
Mirakel
gemahnendes Erinnerungszeichen,
sie war eine Lilie in dem Bündel,
das sich wiegte im Tanz
ihr Name, daß sie da ist, wie sie immer da war –
ätherisches Öl
Schoß in der Zeit

Bergveilchen mit Saftmalen,
dunkelbraune Nektarstriche,
Felsenblümchen, Aurikeln, Enziane,
gelbe, punktierte, stengellose, belebende Essenz
Flaschengeist
phantastisches Blau,
hingehaucht das Blau der Glockenblumen,
Cézanne haben sie nicht gekannt,
Astern mit tiefvioletten Strahlen,
Wohnstatt an einer trockenen Stelle –
stolze Aster, Lyrik geworden,
teilst du mit dem Glücklichen den Reichtum dieser Stunde,

Kontrast der Farben,
stumme Sinfonie am Rand der kahlen Berghöhe.

In selbstbewußter Stengelhöhe trägt der Blaue Eisenhut
seine tiefblau-violette Blütentraube,
die Blätter ragen wie Gabeln zu hungrigen Mündern nach allen Seiten,
lichtgrün, in andere Münder gelangte sie,
wohlverborgen,
als Trunk aus Schirlingsbechern,
wirkungsvolles Alkaloid aus ihrem Wurzelstock,
Mordgift
und an den Pfeilspitzen listiger Amouretten
als überzeugender Liebestod –
das Verzaubernde und
das Auslöschende
simultan.

Mittag,
im Behagen frei atmenden Geschehens,
Freude ohne die infantilen Züge Verinnerlichtseins –
zurück zur Natur,
hier darf man sein,
aber man kann hier nicht wohnen,
Immigration ins Beinahe-Paradies versagt uns
unsere Hinfälligkeit mit armseliger Winterhärte,
die Höhen und die Wüsten
kennen keine Gnade,
dem Menschen ist der Durst gegeben,
damit er seinem Leid nicht entgehe,
verweilen,
aber nicht wohnen –
leben,
aber nicht ewig –
Herbstblätter wir,
wo doch eben erst angekommen.

Die Herbstzeitlose,
durch ein hauchdünnes Eisbrett geboren,
feiert sich von kurzer Dauer,
klagt nicht und kehrt im Jahreszeitverlauf wieder
und
wo bleiben wir,

die mitgebrachten Feigen schmecken,
die Pflümliflasche trägt kein Feigenblatt,
die Fröhlichkeit verträgt sich
mit dem anerzogenen Ernst – gute Mahlzeit,

wahrgenommenes Glück,
Träume kommen
ohne Virulenz
und, wieder wach, der Tag ist so schön,
entkleidet die gemarterte Seele,
daß man fliegen kann, will man glauben,
hat es nicht mehr nötig,
Mut entblößt den Körper
beseligende Nacktheit
ausgestreckt ins Licht,
laß die Wollust mit dir baden,
angewärmtes Ich in der Sonne,
zeig dich den Primeln, den Vögeln –
fliegt, Sinne, aus dem Käfig geprügelter Anatomie, singt,
kein drohender Zeigefinger vom Himmel wird die Töne dirigieren,
über dir ist die Weite
und kein Gericht,

Erdbeermund am weichen Gewebe,
der Wind hat seine Hände an den Schenkeln –
alle Orte ergeben sich ihrer Bestimmung,
laß dich in die deine fallen,
das Tagpfauenauge trinkt aus deinem Nabel,
liege gut, das Glück als Hirte behütet das Vergnügen,
laß Erinnerung auf dir weiden –
lächelt so mancher vergessene Tag,

andere enträtseln dir die Quellen der Bitterkeit,
aus den Nächten
erwähnen sich Weisungen,
die man nicht verstand,
wo sie doch so viel bedeuten sollten,

angebeteter Mond
Kinderwunsch,
daß man in den Himmel komme –
schwarzer Mann und böser Wolf,
das liebeshungrige Seelchen im dunklen Keller
ohne Trost,
vom Erwachsensein erhoffte man sich das erlösende Wunder –
trügerischer Schluß,

was für Tage drängen sich auf,
schmerzende Perlenkette aus fernem Dunkel,
der kalte Mund der Mutter zum Gutenachtkuß
Liebe als Befehl
allein gelassene Fragen,
das Empfindsame suchte sich eine gute Fee,
den Vätern war man fremd –
das Männliche kam als Prinz,
dem verständnisvollen Teddybär ergoß sich das tränende Herz,
ach, guter Bär, dein warmes Brummen, deine treuen Augen,
alter Bettgenosse, Seelsorger und Freund –

Kinderstuben als Folterkammern, eingestanzte Kümmernisse
leidgeprüfte Unschuld
bestrafte Neugierde,
das darfst du nicht,
das verstehst du nicht,
das tut man nicht,
die Nase wird dir lang werden,
die Hände abfallen –
Zügel Zucht Verbote – schlaft, schlechte Tage –

noch immer befindet sich der Tag in bester Laune,
der Falter ist fortgeflogen,
ein Schweißtropfen an seiner Stelle
Zentrum der Kraft
Nabel des eigenen Ichs,
endlich von der Mutter abgetrennt
frei,
aus den Poren schwitzt das Gift gefährlicher Traumata,
auf der Stirne perlt der Schweiß von tausend Tagen Angst,
das Herz stolpert über die flüchtenden Mordwerkzeuge
eingedrungenen Erziehungswahns –
lebt wohl, verheerende Mechanismen
auf die Brandwunden des schlechten Gewissens
heilende leidenschaftliche Küsse, und
weine endlich deine Träne, die dir verboten war –

schöner Tag,
du windest Locken ins Schamhaar
an den Füßen kitzelt die Lust,
Dohlen kreisen
Kohlröschen blühen
blaue Milch
Vanilleduft

Der Blütenbau der bewimperten Alpenrose
kennt keine Schamröte,
ihr Hellrosa dient der Verführung,
aromatisches Gesicht
duftender Zweck,

bald wird sich der Nachmittag Wolken einladen
ein frischer Wind,
mit ihnen das ozeanisch blaue Panorama über den Glücksbefunden
Bemalen Zeitgeschehen,
die schwindenden Minuten tragen den Mittag in die Vergangenheit,
wo bleiben die Wirkungen des entfalteten Fühlens,
bleibt der lebendige Erkenntnisfund –
der Strom der Zeit ein unabwendbarer Fluß,
auf dem die Geschicke eher davoneilen
als daß sie fließen –
aber man kann auf ihm
Wirklichkeitsgewordenes aus der Gegenwart
transportieren in eine Zukunft –

was wäre der Wille zum Leben ohne einige Werte
von etwas Dauer

Haut heliakisch, fühlendes Gewebe,
Hirn und Herz symmetrisch, weite Traumtaschen,
die Schrecken Hyänenfraß,
selbstbewußtes Ich im Hurrikan,
ausgeweitet der Raum der Rippenbögen
Orgeltöne
Laute der Liebe, chromatisch,

lebendig unter dem Regenbogen

Klangbilder und Farbtöne,
gleichzeitige Laute
Hybris, Hymnen
gewinnendes Lächeln, erblühtes Ganzes
Verlust des Hymen
Vollendung

Ich-Grenze ohne Trauerflor,
Selbst und Sein verflochten
fließende Gewässer, freies Schweben
Levitation
rebellierende Libido,
Sehnsucht und Körper, pyramidal,
fließendes Gewässer
fliegende Libelle
flüchtende Schwellen

Silvaplanasee

Bäche bestürzen, fallen, fordern,
ins Gewässer verliert sich ein Barsch
bratschenbraun Morast,
ein Staunen, über dem Idyll
Hadesschwaden
Rauchgeruch,
die Hüllen fallen –
blaues Tor in Avignon,
Hummelflug im Dottergelb,
das Maß aller Dinge ist nicht
ein goldenes Tempeldach.

Flach verläuft des Flusses fleißiges Biegen,
in Karthago focht man mit Schwerterfarn
und mochte nicht siegen,
begrenzen Kräuter und Farne die Geraden.
Goldenes Vlies, Vita reducta,
ebenda im Garten Eden,
der Apfel ist gegessen,
die Dinge nehmen ihren (Ver)lauf,
mit der Freikörperkultur ist es erst einmal vorbei,
das Schamgefühl beginnt seine beengende Wirkung,
reduziert die Freude in üppigen Gärten,
der Mensch bleibt ohne Blüten,
kein Zweiglein wird sich entfalten,
das über ihn hinauswächst,
über die Hindernisse hinweg,
daß man schauen könnte in die Weite,
wo die Erkenntnis Feste feiert,
die Erbschuld auf den Buckel gebunden
kriecht der Mensch am Boden im Kreise,
Dornen und Disteln sind seine Seligkeit
nimmermüde
kriechend
gehorsames Tier

Endlose Leier vom verlorenen Paradies,
unter den archäologischen Funden fand sich kein Beweis,
daß es es je gegeben hat,
doch nähren sich immer noch auf Gewißheit Hoffende
von der Urmutterbrust,
säuerliches Minenspiel
nach dem Genuß geronnenen Rahms prähistorischer Milchwirtschaft,
ewige Eva
erste,
wahrhaft Nackte,
Lehrmeisterin der Verführungskunst,
erste Seherin der Früchte der Erkenntnis,
Neugierde führte ans Ziel,
das Weib und die Schlange
lenken den Verlauf der Geschicke ein,
Gefallsucht und List,
das Gute wird das Böse finden,
zum Paradies gesellt sich die Hölle
kalt und warm
Feuer und Wasser –
streitbare Gegensätze,
schöpferisches Obwalten in den Gezeiten,
Mondphasen greifen in die Lebensphasen ein,
ein Sturm bricht los,
heizt das Fegefeuer an
und Adam feige hinter dem Dornbusch,
nun, das wird sich noch ändern,
das Trauerspiel ist geschrieben,
die Rollen verteilt –
Glosse mit Determinanten.

Jetztzeit,
der See glänzt metallisch,
tiefsinniges Gewässer über tiefem Grund,
Gedankenströme aus Gewesenem, Vergessenem,
der Befund des Vortages erblüht zu einer virtuellen Fauna,
hat sich eingepflanzt in das Gedächtnis,
Weidefläche für die Psyche,
das Seelchen hat sein Gefieder,
die Melancholie hat sich aus ihrem Schwarz-Weiß-Dasein
auf ein buntes Beet begeben,
schöner Tag heute am See,
Reflexionsstätte der Sterne,
Schmelzgewässer, Spiegelfläche,
in der erwärmten Sphäre wogend Mückenschwärme,
einladende Luftströme,
stille Winde,
Augenblick im Nymphenkleid,
heitere Najade im Schilf,
mythisches Mädchen im Freilichtharem der Sinne,
treibst schöne Spiele mit der Lust,
lauerst und liebst an den Quellen,
die Haare Harfensaiten,
ozeanische Träume spiegeln sich in den Augen,
die Lippen, das Bett von tausend Küssen Hingezogener
glänzend rasendrot,
die Brüste anatomische Wunder,
vulkanisches Fleisch, ins Auge bohrend,
auf der Haut türmt sich der Schimmer von Atlasseide,
alle Bewegung kommt aus dem Innern,
aus der Urglut hingegossen,
verschmilzt der Reigen der Bögen und Linien
zur Liane um alte Kathedralen,
konvex der atmende Bauch, erhaben gewölbt
über ewigem Feuer –
sanftes Ruhekissen nach dem Rausch,
enthebt den irdischen Leib aus der Schwere –

der tierische Teil verwebt sich mit dem Ganzen,
die unbeseelten Körperzellen gelangen aus ihrem Defizit
ins weiträumige Feld des Fühlens,
Freudenträne aus dem Elfenbeinturm –

schöner Augenblick heute,
wunderliche Nymphe aus dem Schilfmeer Halomenos,
funkelnder Augenzauber
Sinnenzweck,
den Unterleib ins seichte Wasser getaucht
perlmuttpaillettenbekleideter Schweif
flimmerndes Symbol,
kühles Schwert in untröstliche Seelen,
Schuppenpanzer um Urgeheimnisse,
bade und verweile an allen Tagen
durch einen Augenblick in den Bedürfnissen des Bewußtseins,
kleine Najade
Paradigma
prachtvolles Erscheinungsbild
sich entfaltender Phantasie,
Brücke zum Ufer sinnlicher Freude.

Friedlich der See,
glatt und schweigend,
flach sein Uferrand,
feucht der breite Weg
an den Berg gebaut
Wurzelstöcke Erde
durchwachsen oder nur Sandfläche
rostfarben,
schwefliges Gelb,
graumeliertes Schwarz –
Steine – kleine – zerborstene als Mosaik

Lärchen
mit kräftigem Bartwuchs schöner Moose,
im Grün verblichener Jungfrauen,
beugen sich waghalsig über die hohe Uferwand,
Gebeine gebrochener Bäume,
beherrschendes Assoziationsgebilde,
morsche Brocken in eigenwilliger Architektur,
Strukturen in Geraden, Höhlungen,
Palast für flinke Ameisen,
Harzgeruch, Herzgeräusche,
die eigene Wirklichkeit
Mittagsgeläut
zurück ins Mittelmaß vernunftbezogener Bewußtseinstätigkeit,
befriedet, wohl behütet ruht die archaische Sinneswahrnehmung
bei den Blütenblättern des gestrigen Tages,
so werden sich weitere Tage zu Albumblättern gestalten,
weitere Stationen zum schöpferischen Selbst werden,
mit fortschreitender Erkenntnis immer neue Wahrnehmungspforten
öffnen –
man entlasse das Selbst aus der Monotonie der Dressurdiktate,
das Fortschreiten zu immer neuen Bereichen möglichen Seins
vollzieht sich nicht in gehorchender Vernunft,
der Suchende mag getrost den Pfad der
offiziellen Vernunft verlassen,
denn in seiner Einmaligkeit
ist der Mensch keine Norm,
sondern Einzelfall,
damit ist der Weg zum Individuum frei
Sein
ohne das Brandzeichen einer Herde,
in der die Sprache zum Blöken, zum Muhen
verkommen ist,
sich das Sehen auf das Hinterteil des
Vordermannes beschränkt,
Schweißgeruch das Aroma aller Tage ausmacht,
Wahre Brutstätte philiströser Nächstenliebe
in Arrest

Mittagsstunde
wie aus dem Buch der Weltwunder,
ein Angler brät seinen frisch erbeuteten Fisch,
Feuer glüht durch Holzscheite,
Rauch tanzt ätherisch ins gefällige Bild
Säule
Schwaden,
Licht und Wärme haben Wohlgefallen aneinander,
kristallinisches Gemisch
Himmelsluft
Seelenfrieden,
freier Blick über Wiesengrund,
das breite Wasserbett, ferne Orte,
raunende Bergmassive mit schwindenden Schneebrettern
ins Weite gesetzt
bilden einen heroischen Rahmen um dieses einmalige Tal
in erstaunlicher Höhe,
die Baumgrenze ist greifbar,
Wohlbehagen in seltener Qualität
empfindet man hier
und Frieden,
reiche Fülle an Atemluft,
hier ist der Himmel Äther,
lehrt das Unendliche im Endlichen begreifen,
die Sonne hier ist Wunderlampe,
durchscheint die finstersten Wesen,
macht aus Kröten Aladine,
brennt auf Hüttenplanken schwarze Graffiti,
Mittag in Gold gegossen,
über dem Wasser Undine –

Raum über das Zeitgefühl hinaus,
Wechselbad in Bildern,
Empfindsamkeiten
Wirklichkeit,
pulsierendes Spiel des Außen mit dem Innen,
Sinnesorgane
Gefäßsysteme harmonisch gestimmt,
Eins mit dem Vielen,
ein solcher Tag lädt zum Fasten ein,
die Klarsicht soll von keiner Verdauungsarbeit
ermüdet werden,
das Leichte verbleibt im Zustand des Schwebens,
Besinnung und Reinigung,
Hunger nach durchdringendem Körpergefühl,
Auflösung der Ichgrenzen
Einklang mit dem Sichtbaren
und dem Dahinterliegenden
erdverbunden
anderswo

Boote im Mittagsschlaf,
mit dem Fuß im Wasser,
Wasservögel träumen auf der ramponierten Brüstung
wie in der Ruhe vor dem Sturm,
Bäume, Erregung, die Natur
Merkmale von Gelassenheit,
gläserner Frieden, zerbrechlich,
wie lange sitzt man schon auf dem Lärchenstumpf,
der Rauch hat sich verzogen,
der Angler im Boot auf dem Wasser
regungslos
Impression
aquarelliert, gemäßigte Töne,
das Bild lädt zum Verweilen ein,
wieder soll keine Eile aus dem Erfahren führen
einwirken
Bestandteil werden

Gedanken
Erinnerung an Totenmasken
lächelnde, versunkene Gesichter,
geheimnisvolles Ruhen,
aus dieser Zeit sein,
Tod als Annehmlichkeit
kontemplativ
das Unbegreifliche schauen,
Ars moriendi,

Om mani padme hum
kreisend Zeit und Gleichmut,
unaufhörlich murmelnde Mühle,
magische Gebete,
tiefer Ton in die Stunden,
chromgelber Tibetaner,
kahler Schädel
weltvergessen,
Inbrunst im Steppenwind,
Leib und Seele im Lot,
erfüllte Wirklichkeit durch Glauben,
mystische Gottheit
fern
und
fremd

am Himalaja gerät die Glückseligkeit
in Atemnot,
thronende Gipfel über dem menschlichen Vermögen,
dem Emporstreben mit Bedacht Grenzen gesetzt,
der Mensch ist nicht gemacht,
im Uferlosen zu sein,
er wird dort kein Dasein finden,
in den auferlegten Begrenzungen leben,
wo sich das Glück in gemäßer Luftdichte nähren kann,
heißt wirkliches Leben,
nur in der Bedingtheit, was es heißt,

ein Mensch zu sein,
ist Selbstverwirklichung möglich,
darüber hinaus
ist das Unendliche,
für das wir nicht gemacht sind.

Verharren in der Flutwelle des Lichts,
mit der Nähe verwandter Seelen
in diesem Augenblick sein,
Gemeinsamkeit im Stofflichen,
aus dem alles gemacht ist,
sind wir nicht Dasselbe,
kommt aber alles vom Gleichen,
im Gemeinsamen liegt der Gewinn
dienend einander,
empfangen voneinander,
so findet das Glück seine wichtigsten Nährstoffe,
nämlich aus der Liebe,
die höchste Stufe der Kurzweil im befristeten Verweilen,
was danach ist
liegt im Ungefähren

Träume aus den Verliesen alter Tage,
Beschwörung aus den Gräbern,
Seelenwanderung der Unermüdlichen,
besetzt von alten Leiden,
ruhelos im Suchen,
lange tot, doch nicht verstorben,
arme Irrende,
trauriges Los der Verzagten,
verdorbenes Nirwana

nicht alle Vermächtnisse haben einen Gebrauchswert.

Noch am selben Ort
im Spiel der Gedanken,
der Mittag nimmt sich Zeit in seinem Verharren,
spendet Frieden,
gibt der Stunde eine friedliche Dauer.
Umfriedet mit Schweigen das dahinsingende Geschehen,
entspannt, am Boden ausgestreckt.

Stummer Angler weit entfernt,
nur Laute des Fühlens angeln im Bewußtsein,
Klangbild im Gedächtnis,
Phantasiebilder,
Glut im Bauch,
wo bei den Phantasielosen die Wut tobt,
erkenntnisarmes Gesinde,
das in den Kellergewölben der Sorge
um seinen Verstand bangt,
Zweifel und Kloßreste machen das Sonnengeflecht
zum Schrottplatz der Ängste,
die Maden mögen diesen Speck,
unter dem das Grauen, das Graue wuchert,
grausig graue Geschwüre beschwören
den alles umfassenden Ungeist,
der See bettelt um ihre Leichname,
damit er sie aufblähe,
ihnen etwas Farbe gebe,
daß sie sich sehen lassen können,
wo immer sie auch landen

Gestrandet,
hinter verschlossenen Augen
der Blick an andere Gewässer, Horizonte,
nichts wollend
Phantasie in freiem Lauf,
Sinne und Begierde flugbereit.
Die Vernunft ruht in guter Obhut ihrer Erdenschwere,
in den Randzonen babylonischer Tempel die ermüdeten Erbauer
im Schatten,
schlummerndes Aufgebot der Gottlosen,

Zitronengärten an heidnischen Gewässern,
wandelnde Gottheiten,
Gefährten des Marduk,
greifen nach den Früchten,
den Granatäpfeln der Schönen,
Freizeit von den Libri Sibyllini,
Knaben wissen die Lyra zu spielen –
Frohlocken aller Sinne,
die Lust des einen wird zum Gewinn des anderen,
Lustgewinn mit göttlichem Gewissen
unter freiem Himmel
Architektur nach den Maßstäben des Schönen,
Ebenmaß,
der Goldene Schnitt als Zauberformel
bis ins Detail,
Reizzonen im Maßstab erhebenden Sehens –

Arkaden
feinsinnige Bögen über den Wegen,
duftende Myrthe ins Haar der Ariadne,
Faune belauschen die gängigen Techtelmechtel,
klassische Epistel, Lustspielworte,
Federrad eines Pfaus, irritierender Fächer,
Radschlag zur Liebeskunst,
schillernder Tanz auf Stelzen
wiegend, schaukelnd, rennend, brennend

naturhafter Trieb,
die Faune lachen lüstern,
bis über ihren kecken Bauch
zieht sich das schelmische Grinsen,
Wonneform im Arkadenhain,
artige Phalli berieseln die Brunnen,
keltische Münzen auf dem Grund
Glücksboten
Gaben an die Götter,

Schalten und Walten der Amouren,
Triebe und Sinne verwegen,
erlegen im Zedernschatten,
chromoxydgrüner Riese über den amour bleu,
Tamarisken im Blütenrausch
treiben weite Bögen in die Gartenglut,
Zecken und Zikaden im Ginstergelb,
gebende Münder, nehmende Hände,
der Skarabäus bietet Liebesperlen feil,
Pfeile der Amoretten ziehen ins Unabdingbare,
die Schönen zeigen sich ihre Schönheit.
Blütentreibendes Geschehen,
Amor fati,
das Notwendige ohne Übel.

Ein zartes, verlorenes Summen dringt sachte
in die Traumphase,
berührt Bewußtseinsschichten,
führt aus dem Halbschlaf in die Wirklichkeit zurück,
der Phantasiestrom löst sich auf
in ein Wonnegefühl,
man findet sich wieder
ausgestreckt am Boden,
durchdrungen von Wärme, Licht, Farben –
übersinnliches Blattwerk in den Sinnen,
aber was ist nun dieses leichte, bettelnde Summen,
sekundendauerndes Sichwiederfinden, Sichaufrichten,

Suchen, Finden da, wie aus dem Traum gefallen,
liegt neben einem dort, wo eben noch der traumerfüllte
Kopf seinen Platz hatte,
ein Skarabäus auf dem Rücken,
strampelt in seiner mißlichen Lage, surrend,
dann vor Müdigkeit verharrend,
erneutes Bemühen,
der Sand gewährt keinen Halt,
man wird ihn aufrichten müssen,
den kleinen, glänzenden Mistkäfer
auf allen Vieren zeigt sich sein schwarzer,
schimmernder Panzer,
irisierend wie eine feine chinesische Lackarbeit,
alle Farben der Pfauenfeder
aufgerichtet
gräbt er sich flink in den krümligen Sand
dieser Ahne, Sinnbild des ägyptischen Sonnengottes,
fleißiger Pillendreher,
kleine Gemme,
wahrhafter Gruß aus antiken Gärten.

Der Prospekt zeigt sich mit der letzten Szene
des Mittagsschauspiels,
Geräusche von verschiedenen Geräten
künden einen emsigen Nachmittag an,
Wanderer folgen Wegen, Pfaden, Bachverläufen,
Erblühen um den See,
der seine Glätte einem Windhauch darbietet,
hingeworfenes Wellenspiel,
fliehende Parallelen,
Boot und Angler unbewegt auf der ·bewegten Ebene –
in die Betrachtung fällt ein Glockenschlag.

Man wird sich selbst zu den bewegten Dingen
in Bewegung setzen,
den Gegenstrom bilden,
in gemäßigten Schritten
gehen in Quinten und Oktaven,
Ich und Selbst
an der Peripherie des Bewußtseinsumfeldes
versöhnt mit sich in den Gegebenheiten,
pastorale d'été,
schreiten, passioniert –

Ökonomie des Gehens,
rosafarbener Flamingo durchschreitet
den ruhenden Sumpf der Camargue,
lautlose Tonreihe der Schritte,
lyrisch zerfließendes Rosa in flimmerndem Luftstrom,
metronomisch geregelter Rhythmus,
wandernder Cherubim,
der Pulsschlag als Zeitmaß,
der Körper als wohlklingendes Instrument
im kosmischen Raum,
Tonhalle singender Seelen –
Schritte in unbegrenzte Weite,
Gehen der Austernfischer im Watt,
Kraniche reisen gelassen über die
gemächlich dahinrollende Flut,
und der Mensch, wenn er kann,
gleitet fließend aus der Ruhe in Bewegung,
dynamische Silhouette im Gleichgewicht
Gravitätslinie
gelassen in der dahineilenden Zeit.

Einblendung aus einiger Entfernung

rastlose Gruppe erholungsbedürftiger Menschlein
in der Kostümierung marktschreierisch eingefärbter
Massenware
steht ratlos vor den Möglichkeiten
wie verlorene Schafe in ungewohnter Freiheit,
Getriebeteile aus dem gut geschmierten Räderwerk
einer Großstadtmaschinerie,
ungeübt im Gehen außerhalb des Alltagszwanges,
zermahlene Jahre
zerrissene Seelen
aus dem Schüttelkasten ins vermeintliche Paradies gekippt,
durstig
blind,
es wird sich zeigen,
ob vereinzelte Teile zu einem eigenen Ganzen finden,
den rechten Weg
in der richtigen Gangart,
zu sich selbst finden,
eingeschliffene Spuren vom zermürbenden Mahlstrom
im Substrat von Sonne und Natureindrücken verheilen –

Sich ausliefern an den ersten Moment des Staunens,
Wunder offenbaren sich nur Kinderaugen,
schmerzende Wunden welken im bewußten Erleben
ihrer verflochtenen Ursache,
die Angst erstickt an ihrem Ursprung,
wo die Quelle freigeschaufelt fließen kann,
im wachsenden Streben nach dem Möglichen
wird sich ein heiterer Geist
über die Hindernisse erheben,
einen schönen Tag erleben.

Der Nachmittag hat die Szene erobert,
Geräusche, Stimmen,
Paare, Einzelgänger,
ungerahmtes Segantiniidyll mit Fremdkörpern,
Einheimische nur vereinzelt,
Echo einer Kreissäge,
Boote gleiten ins Wasser
Realitätsbezüge ohne belästigende Laute,
geschnittenes Gras bleicht im Sonnenbad,
duftet,
Welken zarter Rispen,
Blüten hauchen ihre Farben aus
Samen rieseln auf den Grund
Blütenstaub aufs Haupt der Sphinx,

belebter Nachmittag mit Sommerweste
buntgekleidet,
in dieses Geschehen wird man sich,
in bester Gemütsverfassung,
erheben –
wie leicht der fastende Körper gehorcht,
sich so den Begegnungen auszuliefern,
gelassen wohlwollend,
grüßenden Greisen
wedelnden Hunden
huldvoll lächelnden Damen
liebenden Paaren,
man ist nicht allein auf dieser Welt
Lustspieltage selten,
die Bühne breit,
traumwandlerisch findet man ins Gleichgewicht

Verlassen der Stätte bestürzender Bäche,
glühender Scheite,
beglückender Nymphe –
Tibet ist weit,
in heidnischen Gärten herrscht die Nacht,
Käfer glänzen auch anderswo,
das Glück und die Götter
schalten und walten an vielen Orten,
gehen wir –

Pfad oder Weg
ins einladend ausgebreitete Bild,
glitzernde Kleckse reiten auf dünnen Wellen,
Gegenlicht über dem vertrauten See,
überfülle an Licht bestürmt die Netzhaut,
Haupt und Haut dem preisgegeben
erblüht dem Geist Übermut,
nennt die Psyche mein Täubchen,
die Seele als Kolumbine,
der Tand von tausend Schrecken im Festgewand,
vergessene Trümmerreste
Festspielort,
Geist und Psyche heiter und gewandt,
aufgeschlossene Partner zu den Tanzschritten
in neue Tage,
und im Augenblick erwacht ein Lächeln aus dem Innenbewegtsein,
der Grauschleier wandelt sich in ein leichtes, helles Sommerkleid,
schöner als in Mädchentagen
kleidet das Glück die Gestalt,
lustvolles Gefühl pulsierenden Empfindens
gestern Knospe
heute Frucht,
Impulse von gestern
heute wirkende Elemente.

Ein Greis geht,
geschmückt mit den Orden seiner Niederlagen,
wie ein Hagestolz durch die Erinnerungslücken
im Gang seines Pferdes aus der Schlacht an der Marne,
der akademische Schmiß biegt sich
im auseinanderfallenden Gesicht
Tränensäcke, Trauerränder, Züge
von Zucht und Vaterlandsliebe gepflügt,
Girlanden, Grabumrandung,
durch die müden Augen schaut man in den kahlen Schädel,
Hirn und Harn vergilbt,
unter der Weste aus bestem Stoff
die stockende Aorta,
die Bezüge zu den großen Tagen
Albumblätter
Stolz und Harnisch
faltiges Visier
Pläsier von damals
verschüttet im begrenzten Gedankenstoff,
verwitterter Veteran,
letzte Tage im Geschehen
Güte waltend
auf schwachen Beinen,
guten Tag

Auf den flachen Pfaden wandelt verjährtes Glück der Witwe,
verwehte Schönheit, verspäteter Charme,
die Erkenntnisse Strickmuster,
erotische Absichten fallengelassen
andersschön im Chanelkleid
als im Brokatkleid der ersten Tanzstunde,
das scheue Lächeln umgewandelt in ein huldvolles Strahlen,
Begehren und Sehnsüchte träumen im Tagebuch,
die Zierde des einstigen Glanzes
vergängliche Antiquität,
verbliebene Herbstzeitlose von längst vergessenem Beet,
der Sommerhut in blasserem Blau liebt die Sommertage;

Schatten über die Mimikry,
Mirakel erzählendes Gesicht
verloren an die Gestaltungskraft des Alterns,
letzte Herrlichkeit in wiedergewonnener
Jungfernschaft
unberaubt der Unschuld
bleiben die Leidenschaften ein Lied in der Nacht,
geträumte Küsse vom Limonenmond
Diana am Brunnen,
die Hirten Wolkenbilder,
sie schaut aus dem Zimmer einer Frau von Dreißig
in den geschenkten Tag,
ihre Schritte kommen aus einem Vorhang,
nur der blaue Hut kennt die wirklichen Gedanken,
was wird aus ihm werden.

Die Requisiten verbleiben an den Garderoben
der kleinen Bühne,
auf der man zuhause war,
der Taufschein als Premierenzettel,
vom letzten Auftritt zeugt der Totenschein,
über den Reliquien erklingt ein Requiem
requiscat in pace
ruhe in Frieden

Pastoral verweilende Momente,
Frieden läutende Silben flüstert der Nachmittag,
sommerlicher Gesang aus dem Glockengestühl
ferner Wolkenburgen
anemon
die Liebesspiele erhitzter Innenräume,
zärtliches Gebaren ferngelenkter Blicke,
ein jeder geht in anderer Passion durch die klingende Stille

Wechselwirkung der Befindlichkeiten
nach den Regeln der eigenen Bedürfnisse,
Bestimmung des Standortes,
nach den Befunden der Unbefangenheit,
die Standpunkte nähern sich der Wirklichkeit,
sobald die Zugluft der Luftschlösser
an das Ältergewordensein gemahnt,
in der Jugendzeit zerren Wirbelstürme die Standpunkte
durch phantastische Gemütslagen,
planetarische Träume in Comicwelten,
Todessehnsucht in pubertären Qualen,
der Schmerz als heimliche Geliebte,
Phantasie im Erkenntnisnotstand
scheußliche Lehrjahre
ohne deutbare Begriffe,
Wanderjahre durch libidinöses Dunkel.

Erleuchtung kommt nach dem Fall,
Erkenntnis selten vor den ersten Schwächeanfällen
ins Wirkungsfeld,
Einsichten bleiben gern nur eine schöne Aussicht,
in der die Alten einhergehen
wie vergessene Verwandte aus Romanseiten,
so auch wirkt das behende einherschreitende junge Fräulein
auf dem Uferpfad,
die Sandalen in den Händen schaukelnd
wie gefangene Vögel,
die nackten Füße auf dem heißen Sand,
Gebärde und Gangart verschmolzen mit umgebender Atmosphäre,
schmetterlingshaft beschwingte Gestalt
pflanzlich, eben aufgeblühtes Buschwindröschen,
aus einer Debussy-Partitur Geschrittene,
perlt ihr Wesen wohlklingend in die Luftströme,
die Beine fallen spielerisch aus dem kurzärmligen Kleid,
leise behaart, frei für wandernde Blicke
so weit man sich das wünschen kann.

Die Arme sind schlank
für Umarmungen gestaltet,
warmer Ton der Haut von Licht und Launen,
das Kleid verlorenes Lila seidig dünn,
Wabe, Fruchtschale, legt sich an,
schmiegt sich über den Damm
wie eine fühlende Hand
über die Hüften,
daß man vergißt, daß es nicht Haut ist,
der schmale Gürtel faltet den hingegossenen Stoff
um die Taille,
formt ihn um den Oberkörper als Blütenkelch,
Nacken und Hals im Luftbad
empfangen gedachte Küsse,
die unverschlossene Knopfreihe
läßt dem fröhlich wirkenden Herz Raum,
nimmt die Phantasie in Anspruch,
ein freimütiger Beuteblick umfaßt die schattigen Früchte,
fühlt die vibrierende Seele,
sinnliche Wünsche umkreisen die kühlen Monde,
sie weiß von den Wünschen,
ist selbst eingetaucht in ihr eigenes Gefühlslabyrinth.
Sie ist keine Schönheit,
sondern schön durch ihr bezaubernd dargestelltes Selbst –
so geht sie dahin
fllüchtige Woge,
Buschwindröschen im Wind.

Langsamkeit der Schritte
entschlossen wacher Geist,
beharrlich in Begriffe
Wesen
Gegebenheiten eindringen,
Zustand und Übereinstimmung
des eigenen, der anderen,
Neugierde über die Schwellenangst gesetzt,
was taugen die Hemmungsmechanismen,
wenn sie Gram und Unlust spenden.

Vollzug des Wollens,
feuriger Wille ins Kommen und Gehen der Dinge, der Gezeiten,
die Dinge sprechen für sich,
man kann sie lauschend und schauend erfahren,
Gesichter sprechen,
sind überflutet von Merkmalen,
Strandgut von allen Lebensjahren, Tagen, Augenblicken,
schaubare Insignien in natura,
Wunderwerk die Physiognomien,
keine gleicht einer anderen,
eine trügerischer als die andere,
die Zeit meißelt sich die Köpfe, Schädel zurecht,
wie immer die Lebensbelange etwas hergeben,
was Formmittel sein könnte,
am menschlichen Antlitz bildhauert
ein mit allen Mitteln bestens ausgerüsteter Schöpfer
unablässig herum,
die Resultate können sich sehen lassen,
endlose Vielgestaltigkeit,
das Schöne, das Häßlichste und das Dazwischenliegende
sind durch nichts zu überbieten,
wären nur die Seele und das Wahrhaftige Formmeister,
wir hätten nichts zu rätseln, zu suchen –
aber das Spiegelbild der Seele trägt die verschiedensten Kostüme,
Makel – unsere Sinne nehmen nur Äußerliches wahr –
betrogene Wahrnehmung
dargebotener Schein, nicht mehr wert
als die gemütliche Stubentapete,
unter der blasse Makulatur schlummert.

Was verbirgt sich erst hinter den Mienen der Menschen,
da blendet obligat Güte über der Hinterlist,
hinter den Gesichtszügen aristokratischer Noblesse
verbarg sich schon mancher gemeine Gauner,

wie hinter den Gesichtszügen mit der
verführerischen Abbildung heitersten Frohsinns
ein zu allem entschlossener Kindesentführer
zu finden ist,
Brandstifter,
Bombenleger
wie unheilbringende Bonzen,
sie tragen gern die Unschuldsmiene des Biedermannes,
ach ja, die Gesichter –
da gilt es, das Wahrhaftige von dem schönen Schein
zu entblößen,
das Gute nicht vor dem Bösen anzunehmen,
wer sich a priori dem Wohlwollenden verschreibt,
hat noch nicht erleben dürfen,
wie der Teufel mit bischöflichem Lächeln
eine ganze Kurie beherrscht,
das Frömmlerische ist ein besonders kluges Bollwerk
an Mienenspiel über die zwielichtigsten Ansinnen,
kein Maskenbildner kann ein so weihevolles Gesicht herrichten,
daß es jede Arglist wohlverborgen hält,
durch solche Doppeldeutigkeit zu finden,
bedarf es wenigstens des Instinktes eines einfachen Straßenköters,
der menschliche Verstand ist durch die Vernunft
seines primitivsten Instinktes beraubt,
dumpfe Allerweltsseelen vertrauen Freund wie Feind,
blinder als ein Maulwurf fühlt er sich durch die Gefahren,
als wäre die Erde ein Garten der Gerechten,
angepaßt im Gehorsam versickert,
rutschen diese armen Menschlein auf dem Fließband der Anpassung
durch das bißchen Leben,
das Gewissen hält die untergetauchten Zweifel in Schach,
kein Schach den Fressen der gewalttätigen Heroen,
keine Ohrfeigen in die glattrasierten Gesichter der Stutzer,
heuchlerischen Büttenredner der Parlamente,
Kanzlerdespoten, Heilsverkünder,
Heilsgewißheit wird dem Volke durch die

Gleichförmigkeit der Schritte
in der Herde anempfohlen,
wer ausbricht, ist verrückt,
Affekte und Wahrnehmungen sind
Symptome für pathologische Befunde,
der artige Bürger trägt von den Obrigkeiten
empfohlene Augengläser,
den meisten Gesichtern steht die schlichte Kollektivbrille
wie angeboren –
schönes Wetter heute – wie sie meinen,

Licht und Schatten teilen sich weite Flächen,
jede in einer anderen Farbpalette,
Purpur neben Violett,
Zwischentöne kunstvoll gemischt
in transparenten Zwischenräumen,
die Sonne fällt in den Horizont,
ein Lüftchen neckt die Kleidersäume,
der Nachmittag frivol
festliches Zusammenwirken von Wind und Wassergeräuschen,
die Schöne die Füße in den schwappenden See getaucht,
den Leib ausgebreitet
sinnend ins Brautbett der Uferzone,
uferlose Momente der Seele,
Zwiegespräch der Lüfte mit der Lust,
der Alltag ein vergessener Ort –
neue Gesichter
von Einzelgängern,
einzelnen Paaren
auf dem Weg ins Dämmerlicht
der beschatteten Auen
beherzt
mit offenem Blick
geben sich die Liebenden.

Wo verweilen die anderen
blassen, grimmigen, verstimmten,
verhärteten, verfinsterten
Bewohner solcher Mienen,
sie vertragen wohl nicht das offenbarende helle Licht
dieser verklärenden Wirklichkeit –

da sind die Straßen und Strände
fernerer Orte
als beglückende Jahrmärkte
für den Menschen einer Hyperkultur,
bewußtseinstrübende Disneyländer,
verseuchter Sand unter feistem Fleisch,
an tropischen Stränden Triebtäter
mit verbilligten Billetten,
in fernöstlicher Subkultur Fleischeslust Touristenklasse,
Laugenbad für die kranken Gehirne,
Wechselbäder für niedere Triebe,
perverse Launen,
Selbstverwirklichung abgestorbener Instinkte,
Genossen der menschlichen Rasse im rasenden Tumult
bestens funktionierender Freizeitkultur,
da fungieren einstmals heiligste Kultstätten
als Gemeinplätze
für stupide Vergnügungen,
Mystiker und Mönche aus den Kartausen verdrängt,
schläft jetzt, in bequemen Betten,
das blutarme Abendland,
unappetitliche Gurus
verquicken Mystisches mit Merkantilem,
die Hand voll Reis frei für Devisen,
Divinität mit Dollarsegen,
Altäre ruhen unter Souveniren,

Meute und Mob rekeln sich
auf dem fernöstlichen Diwan,
einsame Orte nur noch bei den Toten
in der Wüste,
selbst den Schweinen raubt man ein Stückchen Freigelände,
damit ein jeder sein Fleisch im aufbereiteten Modder
suhlen kann,
die Begierde ist zur vornehmen Zierde
neuester Wohlstandslegende präformiert,
die höheren Sinne immungeschwächt,
neues Geschlecht einer grausigen Sittengeschichte,
geistlose Seelen bedürfen immer toller werdender Feste,
Wohllaute der Wollust verklingen
unter klanglosen Synonymen,
gärende Übel lassen Pest und alte Wunden vergessen,
neue Begriffe werden noch unbekannte Leiden benennen –

Schönes Wetter heute – wo sich irgendwo
sonnenbankgebräunte Bienen à la mode
mit hehren Stenzen
an ligurischen Stränden,
viktorianischen Bars
erquicken, suite à la Denver-Clan,

da spiegeln sich Physiognomien einer Klasse
im schweren Kristall über Fuselflaschen, die
ob ihrer hingespielten Unbefangenheit
durch allgemeine Beliebtheit
gefangennehmen,
vielschichtiges Gesindel
mit zwielichtigem Selbstbewußtsein
emporgewachsen aus den finstersten Vororten,
badet sich Schein und Sein
in akademischem Dünkel,
schwülstigen Unternehmerallüren –

Kein Schuster mehr bei seinen Leisten,
die Hände manikürt, glatte Gesichter,
der Charme gebügelt wie die Kleider,
die Welt braucht sie
die Friseure, Frauenärzte, Barmixer, Masseure –
wie gepflegt sie sind,
gutriechend, makellose Mimikry,
veredelt mit Puder, Pomaden, Parfums,
passende Pommeranzen deuten auf sprühende Potenz,
der Pudel passend zur Lackierung der Autofassade,
Fassadenkunst der neuen Privilegierten,
die alten Regeln Nonsens,
man drischt mit den Gesten des Unwiderstehlichen
die Gelegenheiten, Geilheit
als Impuls von den Gäulen
verbreiten diese gestriegelten Hengste
als erlösendes Aphrodisiakum an virgine Damen,
da verblaßt das bewährte Ambiente der Erbschleicher,
Heiratsschwindler
auf verlorenem Posten,
diese vertrauten Gesichter mit gestutzten Lippenbärtchen,
beklemmende Fülle obskurer Physiognomienvielfalt,
die Gesichtstracht der Sadisten,
Päderasten,
Pädagogen
fällt unter die Formgestalt der Einheitsgesichter –
anderes von anderen verliert sich
Dunkel einer Schattenzone –

Was treibt die Gedanken in die trüben Gewässer
der Brutstätten, Epidemien ausbreitenden Gemeinplätze –

Masse als Infektionsfeld,
Geist und Seele hypertroph,
Sinneswandlung in alle Himmelsrichtungen
pathogen
der Ring des Polykrates
rostige Garotte,
welche Bilder in dieser Klarsicht
im Föhnwind der Wärme,
des Raumes am klaren Wasser,
den majestätischen Bergwänden

Sinneswahrnehmung im Erkenntnisdurst
trinkt aus allen Brunnen,
der Erfahrensbereich umfaßt
Vergiftetes
Undurchsichtiges,
das Unbekannte

Heile Welt unter Staub und Keimen,
was nützt da
Reduktion des Selbst
ins Refugium des geträumten Paradiesgärtlein

INNENSCHAU

sich selbst bewegendes Gewebe
im bewegten Ganzen,
den Anker in Gesamtheit gesenkt,
entflieht nicht die Seele,

im bewegten Wesen
das Bewegende,
ins Ganze eingewebt,
sich selbst bewegendes Fühlen
flieht nicht das Ich
aus der Unteilbarkeit
von Wesen und Gewebe

Silser See

.

NACHTGEDANKEN

Mondfinsternis
über den Laichplätzen der Menschen,
in finsteren Randzonen
murmelnde Mormonen
über den Erlösungsplan gebeugt,
sich als die Heiligen der letzten Tage träumend,
schlafwandelnd auf dem Pfad der Tugend,
ein Dieb und Mörder,
von bunten Murmeln träumende Knaben
in verchromten Bettgestellen,
Missetäter und Messiasse von morgen,
die Schwestern ruhen im Schoß des Urgemachs
ihrer Bestimmung,
Mütter und Musen für andere Zeiten,

die Nacht beugt sich
mit schaurigem Dunkel
über Gesindel und Genossen,
heftet Ablaßzettel an die Schlafmützen
der Plebane und Plebejer,
purzelnd in Abgründe die Albträumigen
in der Gunst der verdunkelnden Stunden,
Machtdelirien in den massigen Schädeln
der Protektoren,
Blutbad zwischen einer
Stadt- und Wanderratte
in der avenue de pré,
in stiller Straße Wahrheit
gedankenverloren,
ruhende Konflikte,
Bewußtes in Verstandesferne,

die Nacht Hülle um Hemmnisse
vollzieht im Empfindungsbereich
des heimischen Heimchens
erweckende Ergötzlichkeit
zwischen Schenkeln und Schwanken,
zwischen den Brüsten ruhen entkleidet
Stab und Steckenpferd der Begierde,
nach getaner Ergüßlichkeit
aus dem Jungfernjoch befreites Fleisch,
auf gezeichnetem Laken
zeichensetzend die Nacht,
Tun aus unterbewußten Quellen,
doch ehe sich Morgendämmerung
ins Dunkel mischt,
ist alles Geschehen für die Reflexion verloren,
scheues Ich in der Nacht verblieben,

die Nacht als Finsternis empfunden,
Ängste durchdrungen,
dem Seelchen empfängnisverhütendes Barbiturat verordnet,
ordnet sich kein Triebgebaren unter die Körperklagen,

Nacht verloren,
in tiefer Gleichgültigkeit
verdorrt dem schlummernden Schnarcher
das Gaumensegel im Schlund,
in den Nebenhöhlen brodeln Sekrete,
keine Anima,
in die Rückenlage niedergedrückt
schlafen die andernorts Empfohlenen,
sich öffnendes Unendliches –
vollends entflammt die Seele
ins Ausschließliche,
die Triebkräfte verfallen,
die Hülle zersetzend fermentiert,

in der Nacht Schritte
und Worte –
träumen Sie gut,
gekränkt das Echo –
nein danke, ich träume nicht,
ich bin Realist –

die Nacht zweckdienlich
dem Schlaflosen,
dem sie Anteil am Leben ist,

insomnia,
der Lebensdurstige
erkenntnistrunken
auf dem Pfad der Wandlungen

in die Nacht gestiegen,
eingeebnet liegt
von Zauberhand besänftigt
das dunkeldurchtriebene
Wertsystem der schlafenden Talbewohner,
die Früchte des Baumes der Erkenntnis
leuchten in mystischem Dunkel,
leutselig Sirenen
ohne Zorn und Eifer,
Uferzone der Bedürfnisse ohne Gefahren,

keine Mondfinsternis
über Arkadien,
die Berge lila
Thronsitze der Mythen
Olymp unter singendem Himmel
der See metallisch
tief durchleuchtet,

geruhsam betten sich die Zuläufe
aus den Sturzbächen der Hoffnung
in die gelassene Wasserfläche,
Sternschnuppenschwärme aus dem All
herabgelassen,
Lichtfülle
Verheißung
weiter Raum,
blühende Wunderbildungen,
facettenreiches Geschehen,
die Sirenen singen

Nacht und Glück
unter dem Feigenbaum,
die Seele tobende Woge,
Göttergeist in Fleisch und Blut,
der Körper entblößt
fabula docet

Faune wohlgemästet,
den bockigen Kopf bekränzt,
Farnkraut kräuselt sich
um Distelblüten,
die Leiber unbekleidet,
ein jeder zur Rechten und Linken
eine Nymphe
einen Reigen,
mit lautem Lachen wirbeln diese Wesen
ins Bild,
vom Süden warmer Wind
süßduftend,
befruchtet der Riesenschoß
aus schimmerndem Wasser,
feuchtem Wiesengrund,
daß die Sinne sich erheben,

müdes Gestein
Marmor
totgeglaubter Gott,
begattet die Hohlräume
der niedergleitenden Leoniden,
die Nymphen lösen sich
aus den Fängen der Faune,
begehren auf
in aufkeimender Libido,
bestürmen die besungenen Gestade,
greifen in den Schwarm
der tanzenden Himmelskörper,
pflücken sich die Göttergaben
zu Spiel und Speise der Lust,
bald sind sie damit geschmückt,
durchscheinendes Gefäß
um die Unschuldsleiber,
Sternschnuppenstaub glitzert an Wimpernrändern,
die Lippen Kelch im Staunen,
die Glitzerglut schmilzt
auf den erhitzten Körpern,
aus den Hohlräumen reicher Samenfluß
in tiefe Seufzer,
aus Quellen und Brunnen
brodeln Dämpfe
Geister ausspuckend,
aus den Höhen des Himmels
vermehren sich die Gaben ins Weltbett,
in das Gemisch und Durcheinander
von Abstammungslehren
und Verheißungen
an das Menschengeschlecht
erheben sich Urgeist und mythische Mutter

tote Seelen verlassen das Grab des Adam,
aus der verlorenen Rippe
schnitzt Pan die erste Flöte
Geburtsstunde der Töne,
und spielt er erst, dieser Gott,
mit Bockshörnern und Bocksbeinen
auf dem fertigen Instrument,
lösen sich die müden Glieder
der toten Gefährten in Erebos,
er wird mit dem ersten Liedchen
Eva aus dem Eisgebirge locken
und auf den Schauplatz führen,
wo es Mitternacht ist,
die Faune brünstig bellen,
die Nymphen im Taumel der neuen Weihen,
einbezogen in ganzer Wachheit
der Wanderer in die Nacht;

wer Wege geht,
weiß von den Nebenwegen,
die nicht deshalb
gleich Abwege sind,
weil man sich auf dem vermeintlich
richtigen glaubt,
über Gebühr gibt es andere Schauplätze
als den erwählten,
und man ist nicht auserwählt
mit der Wahl des seinen,

Freudenfest in Arkadien
ist nicht Fest und Freude in Argos,
keine trunkene Sommernacht in Arxa,
wo die Wölfe heulen,

die Verfügungsgewalt der Beweggründe
nächtlichen Wachens
spannt Seile über Schluchten,
baut Studierstuben über Abgründe,
baut über alles Verstehen Sinn,
die Seiltänzer mit nur vorgeschobenen Schritten
erfahren
einer Ahnung folgend
Beinahegewißheit,
über der Schlucht bildet sich Morgenröte
und gießt Gewißheit
in die erbärmliche Bude,
wo Lärchenschatten
über Menetekel wachen,
begegnet Wahnsinn der Wahrheit,

über dem Tal rastet noch
verfinsterter Mond,
im gedämpften Irrlicht
ruhen die artigen Gemüter,
in den Gipfeln heftiger Träume
bangen die Phantasten um ihren Verstand,
Weise aus kleinem Milieu
moderieren Mores,
befinden Gaukler auf Seilen
morbleu
die Andacht in kalten Studierstuben
morphine
der Sinn außerhalb ihres Territoriums
moribund

proprio motu
in dieser Nacht
im engadinischen Arkadien
bestürmt weiteres Himmelslicht die Erde,
der See bis zum Grund durchleuchtet,
Gräser und Schilf
im Stoffwechselbad der angestauten Säfte,
Moose florid,
die Nymphen flirten,
das Schamverhalten der Eva Floskel,
sie hat den Weg zu den Erdentsprossenen
im starken Strom der Teilnehmer
vom Anfang der Dinge gefunden,
aus dem Jenseits erlöst Pans Flöte
den Ursprung von Umgrenzung und Abtrennung,
ins Chaos fällt ordnend
Mutterbegriff

Nyx, Urnacht,
schwanger vom Wind
wehenfroh,
von heftigem Gebärwillen ergriffen,
tritt auf mit einer Schar läufiger Hunde,
nicht Erde die Berge,
Stein der Weisen,
thronen dort
ohne olympischen Eifer
die Gottväter im Halbschatten,

man erkennt nur
Zeus
Poseidon
Hermes
Apollon –

sie teilen sich die besten Plätze
unter den Heiligen Stühlen,

müde des Zeugens und Zornes
senden sie nur noch hier und da
Blitz und Donner
und schauen an manchen Tagen
öde ins schäumende Meer,
wo sie einst Winden befahlen,
herrscht heute bitterer Geruch
ganz privater Winde
ums göttliche Gestühl,
keine Weissagung,
statt dämonischer Orakel
gottväterliches Gähnen,

Urmutter Gaia,
an der Geburt der Erinnyen erkrankt,
liegt im Erkalten,
Rheia,
ihre Tochter, schon Mutter
von Zeus und Poseidon,
einer nahenden Niederkunft gewiß,
weht in den himmlischen Kreißsaal,
die verlassenen Hunde der Nyx
umwedeln eine pyknische Schöne,
verzückte Elfen ansichtig der steifen Ruten,
Getier im Symposium der Sinne,
leuchtfüßiges, geflügeltes,
am Boden kriechend,
welches im Wasser,
anderes Tier und Mensch in einem

die Geschichte will es so,
kein Erstaunen,
Erkenntnisgewinn heißt,
im Schoß der Sphinx zu träumen,
zu den Häuptern der Hydra
füge man das seine,
das nicht Verwirrung ist
in dem einen,
mischgestaltig ist die Phantasie,
daß dem kleinen Hirn die Vielfalt
schaden könnte,
Urlaute,
schöner als das Gegackre der Legehennen,
von Vögeln wie Lerchen und Nachtigallen,
Hoheslied, mannigfache Laute,
Flötentöne.

Ziegen weiden im Dunkelgrün,
Erdbeermünder an goldenen Brüsten,
sterbliches Mädchen
silberglänzend übergossen,
Spielgenossinnen der Stiere Europas,
schimmernd Schmuck
um die Fesseln der betörenden Heperia,
schmeichelnd umwerben die Sirenen
die Söhne der Phoibe,
die Musen betreten den Tanzplatz,
lodernd Mond,
die Gestirne Girlanden,
Eva im Wandel der Miene,

eine Schar göttlicher Schweine
erhaben über ungebührliches Gebaren
streitet um das welke Feigenblatt,
schwer durchblutet
ein Eber,
die schweißtriefende Schwarte
Fluoreszenz in reinstem Zinnober,
reibt den dickwandigen Speck
am Leib eines schlafenden Zentaur,
im Zenit des Taumels
wundersame Erhebung des Gefühls,
was bedeutet Sterblichkeit
den Sinnen im irdischen Leib,
die Seele idiomorph,
in Gesamtheit jeder Schwere enthoben –
in Bewegung
fischdurchtümmelt
ozeanisch der See,
in tausend Bunttönen herrscht Lichtfülle,
trödeln Zwitterwesen
durch den Rauschpalast,
Zebras gezähmt –
Kontrast zur Buntheit,
Fasane und die Faune
Elfen
Nymphen –
Pan weist sie in Tanzschritte ein,
Zimbeln und Zamben verlautbaren Gavotten –

in den süßen Tönen baden sich hehre Göttinnen –
die windstille,
die wagenschnelle,
die Sehnsucht erweckende,
die zur Erfüllung Führende
labyrinthisch dichte Szene,
durch die Windungen zieht Wohlgeruch
Myrrhe, Zimt,
und vom Tierischen und Menschlichen,
den Geschlechtern gemäß,
strömt Moschus,
Fluor Albus in heftigem Aroma,
Amouren forcieren sich
im Bann der Gesetzmäßigkeit der Triebe,
dem Seewasser erblühen Schaumkronen
seraphin hingehaucht und
der Wunder allerhöchster Wille,

dem höchstangewachsenen Schaumberg
entsteigt ein Mädchen,
schöner,
als man Schönheit in Worte einbinden kann,
schöner,
als wir unsere Mutter kennen,
ein Wesen
in reinstem Botticelliton
Frühlingsknospe
Schaumgeborene,
alles Laute verstummt,

Aphrodite ist geboren
Liebesgöttin
schäumend
Trunk den Gläubigen

der ganze Himmel flutend
elysisch Emaille,
die Erde fruchtend ins überwältigte All,
Geflüster der Mädchen,
die göttlichen Mütter im Charisma,
die Heroen in den Charme der Neugeborenen
verstrickt,

den Nachtwanderer belohnt diese Nacht
mit dem gewahr gewordenen Wunder,

einen anderen lehrt sie,
nicht nach Wundern zu greifen,
unbemerkt
im Halbdunkel verblieben,
ein Hirte mit seiner Herde,
er schlafend und die Schafe,
diesen,
in tiefer Selbstentfremdung
von bösen Wölfen träumend,
erweckt der Sirenen Freudengesang
ins befremdliche Geschehen,
ungeachtet des noch zögernden Bewußtseins
drängt Verlangen,
obszöner Trieb,
gierig stürmt dieser platte Adonis ins Bild,
stürzt in schaler Denkgewohnheit
ins Wasser,
schiebt Schaum und Andacht beiseite,
greift nach dem zarten Wunderwesen,
und er ward nicht mehr als hungriger Wolf,
als Götterkunst ihn einer hungrigen Muschel einverleibte,
diese kaum gesättigt schwamm,
der Aphrodite zu dienen, diese sie behende öffnend,
das Fleisch den Fischen, die Schalen als Boot,
gelangt sie ans Ufer, die Fische danken für die Sättigung –
ins kühle Wasser versinkt des Hirten unbeseelter Rest:

panta rhei,
vom Ufer ins illuminierte Arkadien
schreitet die schöne Liebesgöttin
nackten Fußes,
jauchzender Mädchen helle Augen
begleiten sie mit weiter Pupille,
der Eva widerfährt in tiefen Schichten Empfindung,
in tiefem Dunkel
der Gottväter Sinnenpegel,
Libido transzendiert
reizbar ins Ungestüme
die Söhne in kühnster Selbstgeltung,
selbstgefällig die Faune
in phallischem Obliegen,
die Nymphen
schwesterlich zur Schönen hingezogen,
Tauben lassen blaue Schleier wehen,
Elfen mit Rosenfingern
streuen Geblüt in Klang und Zauber,
und wo im Gras die göttlichen Füße der Aphrodite
die Erde berühren,
werden aus grünen Halmen goldene Buchstaben,
in gemäßer Syntax lehrende Lettern,
Liebesbotschaft,
alles fließt, in Wonne geborgen,
Sehnsucht flüsternd
Verweilende
ganzes Ich des Eingeweihten,
Klangbögen reiten auf Gloriolen,
zu Zimbeln und Zamben
gesellen sich Gamben und Pauken

Freudenglorie
furios

wenig fern dem Trubel
von der Nacht umsorgt
die vom Wind befruchtete Göttin Nyx,
nahe den verlassenen Schafen,
gebettet in Dämmerung,
hier wird sich kraft Vorsehung und
wunderbarem Willen dieser Mythennacht
die Geburt eines großen Gottes erfüllen,
die Wehen leisetönender Wind,
kein schmerzender Leib
wird den Gott entlassen,
die Allmacht der Mythe
kennt anderes Gebaren,
in der Aura elementarer Kräfte
von Zeit und Raum
Himmel und Erde,
ist Sein und nicht Werden,
keine blutige Geburt
aus blutiger Obhut,
der Schoß dieser Mutterschaft
nicht Verstandesanatomie,
ist Sphäre in Raum und Zeit,
zwischen Himmel und Erde,
welch schwächliches Sperma hätte sich
in die Nähe des göttlichen Ovariums gewagt,
und, die Tuba uterina eher Rebstock
als Leiter einem Ei ins Ungewisse,
kein göttlich Wesen hat man,
von einer Nabelschnur stranguliert,
gefunden,
Schmerz und Trauma werden dem Menschen
in anderer Zeit gegeben,
als sei es erbaulich und Notwendigkeit,

vom Baum der Erkenntnis
wird dem mythenfernen Menschengeschlecht
das Schicksal geben,
vitale Angst und ihre Schrecknisse
werden durch das verpfuschte Paradies führen,
göttlich allein ist dort die Macht,
die das Böse unter das Gute mischt,
als sei jedes für sich ungenießbar,
nun, mag verweilen mit dem schwierigen Geschick,
wer will,
uns hat diese Nacht
nicht in biblische Finsternis verschlagen, erleben wir,
wie sich ungefährdet
im Medium der Nachtmutter Nyx
aus dem Wochenbett des Urhumus' Gestalt erhebt
metromorph,
die Dunkelheit tritt beiseite,
windgewandet,
ins Helle beschworen
der Gott der Liebe
Eros genannt,
die Nacht fällt in tiefen Schlaf,
ruhende Mutter entläßt den Sohn,
diese von kosmischem Geist mitgestaltete
archaische Gestalt des Seins

zu den schlafenden Schafen
finden hungrige Wölfe,
im Tal bei den schlafenden Individuen
west tristesse

der Liebesgott findet die Uferszene
glücklichen Geschehens,
vermählt sich mit den Winden
und wogendem Treiben,
erkannt von den Nymphen,
den göttlichen Novizinnen,
Faunen und jugendlichen Heroen,
Aphrodite mit verzückter Brautmiene,
Evas alabasterner Leib cranachfarben,
Pan erhebt die Flöte zur Minne,
die Zwitter raunen,
das Getier in Sonntagslaune,
der verweilende Beobachter
erfährt neue Dimension
in sein Begriffsvermögen,
die Musen streifen durch die Novelle
heitren Sinns,
der See spiegelt gestirnten Himmel,
schwefelgelb blüht die Nachtkerze,
Eingeweihte,
durchdringend in Harmonie,
verläßlich Sein-Lassen in Bedürfnisse,
fallengelassen
Ichgrenze in den Ursprung,
erwecktes Dornröschen entflieht der Märchenruine,
Rosen überranken das wertlose Verlies,
blutleere Geister aufgelöst,
Totenschreine der Philister
Asche –

der beflügelte Eros
nährt mit den Rauschstoffen erfüllten Lebendigseins
die in seinen Bann geratene Glaubensgemeinschaft
ermutigter Seelen –

zum Eröffnungstanz
erwählt er die Aphrodite,
schimmernd ihr sphärisches Gewand
seiden, lusingando,
sie tanzen eine Sarabande,
Pan führt die Eva aufs Grasparkett,
schöner als der Elfen schwingender Schritt
verschmelzen die Bewegungen der beiden Paare
im Dreivierteltakt,
rhythmisch fügt sich alles Leben
auf dem Festplatz
in den mitreißenden Strudel,
Figurinen wirbeln an Silhouetten
blühenden Gesträuchs vorbei,
melodisch tropft
auf Blattwerk, Zedernadeln,
Uferrandgewächs
Saft aus reifen Früchten,
Trichterblüten bilden Trostpflaster
auf Versehrtheiten,
Nektar perlt von Schnäbeln,
Lichtpunkte vom Taft der Tanzkleider,
nie dagewesen feiert sich
der Silser See
durch die lange Nacht,

die Leoniden verglühen,
letzter Tanztakt,
erste Paare in Liebeslauben,
die Faune werfen mit Trauben,
Nymphen kühlen Schweif und glühende Wangen
im wellenwerfenden Wasser,

Zentaurn
beritten von unberührten Mädchenkörpern
streifen durch fernere Wiesengründe,
die Nacht verfärbt sich
Dämmerung zwischen glatten Lärchenstämmen,
Alpenrosen im Morgenmantel,
Tanztöne stinguendo
erlöschend satte Farben,
horchend Eulenohren,
in die Sterbestunde der Schafe
erklingt eine leichte Weise
in lydischer Tonart
aus der Syrinx des Pan,

letzte Verweilende
in Tag- und Nachtwechsel,
Eros
Eva
Aphrodite,
der Nachtschwärmer, nahe dem Pan,
bis ins abgelegenste Organ
bekehrt zum Seher,
ins Lustvolle gekehrte Entblößung
der Ichmaterie,
das gütige Auge
eines fühlenden Selbst
schaut die unzugänglichen Wahrheiten
im gefürchteten Chaos,

wehmütig musikalisches Lächeln
der klingenden Stille
taucht
die ins Mythische imaginierte Uferzone
in ihr naturhaftes Erscheinungsbild,

Morgendämmerung löst ein letztes Bild
der in die Nacht fabulierenden
Laterna magica auf,
der Eros verflüchtigt sich
in die erogenen Zonen
Gegenwart gewordenen Lebens,
Eva,
symbolgewordene Herrin einer Weiblichkeit
ohne Scham und Reue,
Musenmädchen
ohne Furcht und Tränen,
der große Pan schnitzt ihr
aus dem Rest der Adamsrippe
ein Mandingo
und ist flötendes Idyll
in feinfädigen Madrigalen,
Aphrodite
firnisst die Früchte beschäftigter Libido,
leise strebt sie ins Unsichtbare,
letztes schemenhaftes Bild,
ein schamroter Schamane der Tungusen
in Trance,
bei Geistern und Göttern
grollender Trommeln Töne,
altaisch Gesang,
die Morgensonne löscht das Nachtgedicht,
der beschworene Hominidenahne
sinnt gesättigt
ins Rotgelb der Schamlippen der

Mimulus guttatus,

gaukelndes Blütengesicht
in engständigen Trauben.

Carpe Diem

Im Zimmer für sich allein,
es ist die Stunde,
in der die Todesurteile
vollstreckt werden,
zwischen der Nacht und dem Morgen
zelebriert ein geheimnisvolles
Verschwommensein
die Dinge,
entäußert noch träumendes Licht und müde,
aus ihrem Zweck entlassene Nacht
in Divergenz,
der Raum in seiner behütenden Begrenzung
in ein rätselvolles Karessando gehüllt,

der Heimgekehrte wacht am hölzernen Tisch
in der letzten Stunde,
in der die Einzeldinge zusammengeschmolzen
ihrer Auflösung harren,
die Zauberformeln aus den Erkenntnissen
der letzten Tage und der Nacht
erinnern sich als erleuchtende Evangelien,
und so verweilt er
gelassen
in den letzten Augenblicken
wirkenden Vermögens der Wunderdinge,
bevor das Tageslicht die Realitätsbezüge
in ihrem ganzen Umfang belichtet,

auf den ausgetretenen Wegen
schreitet ein gnadenunwürdiges Menschenheer
zu den Schafotten,
keine Schafherde assoziiert solch traurigen Anblick,
und die Irrgänger lehnen sich nicht auf
gegen die gängigen Meinungen
und legen ihr Haupt
zwischen das zermahlende Räderwerk
hochgepriesenen Aberglaubens,
der menschengemachte Gott
thront in seinem Versteck,
Chimäre,
shakespearehafter Cherubim,
und erholt sich
von seiner finalen Inszenierung
mit Chablis,

vor der Pforte zum Paradies prangt
frischgestrichen
ein Schild
– Cave canem –,
und durch den Menschenwald ziehen Jäger
mit doppelläufigen Flinten,
und von den Schrottbergen
predigen Menschenjäger
Finten,

und wieder wird kein Frieden sein,
wie an keinem Tag
in der langen Menschheitsgeschichte.

Was für Tage
in diesem Jahre 1989,
in denen die letzten Worte
zum Tode Verurteilter
eine bezeichnende Bedeutung haben,
was ist das für eine Welt,
die man mit Freuden verläßt,

die Totenmaske einer Enthaupteten
zeigt ein Antlitz
mit versöhnender Divinität,
wie wir es von den Gesichtern Lebender
nicht kennen,

wo Täuschungen die eitle Fassade schattieren,
das Lachorgan ins Trostlose verhärmt,
Empfindungen unter einem Toupet
in Schranken gehalten werden,
beschlagener Spiegel
für die häßlichen Seiten
des Lebens,
hat es keine anderen Signaturen zu vergeben
als die Normative der Analphabeten –

der Wechsel zum Tag
ist noch ohne die Sensation
der Engadiner Sonne,
früher Morgen ist es –

Der reflektierende Sinnendeuter,
über sein Schreibheft gebeugt,
empfängt eine Botschaft des Zarathustra:

– Mit Donnern und himmlischen Feuerwerken
   muß man zu schlaffen
   und schlafenden
   Sinnen reden,
   aber der Schönheit Stimme
   tönet leise,
   sie schleicht sich nur
   in die aufgewecktesten Seelen –

Diese Verlautbarung ward ihm ein Siegel
auf seine Wort- und Gedankenüberfälle,
und bevor der Tag ihm
neue Herausforderungen
und eine Fülle neuer
köstlicher
Sinneneindrücke
beschert,
notiert er sich Weisungen der vergangenen
Tage und Nächte:

– Das Leben erfährt sich erst durch gelebtes Leben

– Erst dem erfüllten Selbst
   entwächst die Freiheit,
   Realität eigenverantwortlich
   zu durchleben

– Und je mehr sich der Verstand
   die Phantasie nutzbar macht,
   kann sich das leidende Seelchen
   aus der Zwangsherrschaft der Furcht
   und den erniedrigenden Bevormundungen
   erheben

– Je mehr wir unsere gepeinigte Psyche
   in Freude versetzen,
   umso wahrscheinlicher
   erwartet uns
   ein Anflug von Glückseligkeit.

Pflücken wir den Tag,

und achten wir
auf die vegetativ labilen
Phänomene
wie das Glück und die Liebe,
sie sind wie Mimosen,
von denen wir nicht wissen,
warum sie so schnell welken,
wenn wir sie an uns nehmen –

gehen wir,
von den Holzwegen
grüßt
eine prächtige Fauna
diesseitigen Sinns –

INHALT

Der deutsche lyrik verlag (dlv) ist ein Imprint
der Karin Fischer Verlag GmbH, Aachen.

Besuchen Sie uns im Internet:

www.deutscher-lyrik-verlag.de
www.karin-fischer-verlag.de

*Bibliografische Information
der Deutschen Nationalbibliothek*
Die Deutsche Nationalbibliothek verzeichnet
diese Publikation in der Deutschen Nationalbibliografie;
detaillierte bibliografische Daten sind im Internet über
http://dnb.d-nb.de abrufbar.

Originalausgabe · 1. Auflage 2015
© 2015 Manfred Beer
© 2015 für diese Ausgabe Karin Fischer Verlag GmbH Aachen
Postfach 102132 · D-52021 Aachen

Gesamtgestaltung: yen-ka

Covergestaltung unter Verwendung
bildnerischer Motive von Manfred Beer © Manfred Beer
Alle Abbildungen im Innenteil von Manfred Beer © Manfred Beer

ISBN 978-3-8422-4343-9